GREEK
POC

A Headway ‑ʒʀ000k

Niki Watts

Headway · Hodder & Stoughton

British Library Cataloguing in Publication Data

Watts, Niki
  Greek in your pocket. – (In your pocket)
  I. Title   II. Series
  489

ISBN 0–340–54222–5

First published 1992

Typeset by Columns Design and Production Services
Printed in Hong Kong for the educational publishing
division of Hodder & Stoughton Ltd, Mill Road, Dunton
Green, Sevenoaks, Kent by Colorcraft Ltd.

Contents

Introduction

This book is intended for those travelling to Greece and Cyprus, both Greek-speaking countries. Despite its strange alphabet it is not difficult to learn sufficient Greek to help you get the most out of your holiday. *Greek in your Pocket* covers most of the situations you are likely to meet during your stay. In addition to the vocabulary, some hints and addresses have been included to provide practical help. The Contents list makes it easy to find the words for the particular situation you are in, while the general vocabulary at the end is for handy reference.

Unlike English, Greek is pronounced exactly as it is written and it is worth spending some time to accustom yourself to the alphabet. Each letter or combination of letters has the same sound wherever it is found and once you have learnt these, you will have no difficulty in reading Greek. Nevertheless, a guide to the sound of the words is given in italics above each phrase.

Modern Greek is descended from Ancient Greek and until recently two forms of the language were in use in Greece – a spoken form and a more formal language used in official documents. The informal form is now generally used but certain words may still be encountered in their older form. The phrases in *Greek in your Pocket* are in the less formal Greek although the older form is also used where you are likely to encounter it, in particular on signs. In this book a simple system of transliteration is used to make things easy for you. The key to the Greek alphabet is on page 5. The tape accompanying this book will help you with pronunciation. It would be a good idea to study the pronunciation (page 5) and the basic expressions (page 8), preferably with the help of the tape, before starting on the book itself.

Don't be discouraged if at first you forget what you thought you had learnt the day before. To learn ten words a day thoroughly is a worthwhile achievement. Before long you will find that, through repeated use, the words are becoming unforgettable.

Pronunciation

Only the sound of the letters will be given here. Their names are not relevant for the purposes of this book. You will find them in another publication by Hodder & Stoughton entitled *Greek in a Week*. The upper case form of the letter is given first, as you may well encounter it on signs, followed by the lower case form.

The Greek Alphabet

Greek letter	English equivalent sound		English word
A α	a	as in	another
B β	v	as in	vase
Γ γ	g followed by α, o, ου	as in	sugar
	y followed by ε, ι	as in	yet
Δ δ	th	as in	the
E ε	e	as in	get
Z ζ	z	as in	zeal
Θ θ	TH	as in	thirsty
I ι, H η, Y υ	i	as in	these*
K κ	k	as in	cake
Λ λ	l	as in	late
M μ	m	as in	mother
N ν	n	as in	no
Ξ ξ	x	as in	mix
O o, Ω ω	o	as in	opera
Π π	p	as in	peach *(but softer)*
P ρ	r	as in	road*
Σ σ ς	s	as in	silence
T τ	t	as in	tablet*
Φ φ	f	as in	fire
X χ	h	as in	has
Ψ ψ	ps	as in	copse

* The **i** sound in Greek is long, closer to that in the English word *these* rather than *this*.
* **ρ** is rolled as a Scot might pronounce it.
* The **τ** sound is pronounced more like the English *d* than *t*.

5

Pronunciation

- When a letter is doubled e.g. **σσ** or **λλ** or **νν** it is pronounced as if it were single. The **γγ** sound is an important exception (*see below*).

- In addition to the sounds letters have when they appear on their own, certain combinations of letters have particular sounds.

Greek letter	English equivalent sound			English word
ει, οι	i the same as ι, η, υ above		as in	these
αι	e the same as ε above		as in	get
αυ	has two sounds	af	as in	after
	or	av	as in	have
ευ	has two sounds	ef	as in	left
	or	ev	as in	every
ου	oo		as in	fool

- When these letters appear in pairs they are pronounced as one sound unless the second letter has two dots above it e.g. **ï**, **ü**. This indicates that the two letters should be pronounced separately, e.g. αϋπνία, a-i-pnia (insomnia).

- There are a few other letter combinations which have a single sound as opposed to the letters being read individually.

μπ	b or mb	as in	bar
ντ	d or nd	as in	dear
γκ	g or ng	as in	girl
γγ	ng	as in	England
τσ	ts	as in	cats
τζ	tz	as in	tzatziki

- In Greek, every word longer than one syllable has an accent. There is only one accent in Modern Greek and this is placed above a letter, if it is lower case, (**όχι** = no) and beside it if upper case ('**Οχι** = No). Accents are not used on text entirely in upper case letters.

- There are times when a second accent is placed on

Pronunciation

certain words and you will encounter some examples of this later on in the book. The rules involved are rather complicated and beyond the scope of this book. It is sufficient to know that both accentuated syllables are stressed, the second more than the first. Let the tape guide you.

Unlike English words, Greek words have clear and very pronounced stresses on the syllable on which the accent falls. For example in the word **όχι**, the accent falls on the first letter and this is clearly stressed in speech. In the transliterated form of the word, which appears above the word in Greek, this is indicated by emboldening the appropriate letter:

No   **o**hi
            'Οχι

The sounds of Greek letters given above can only approximate to the way they are spoken by Greek native speakers. As you progress with the book, you will benefit considerably from the use of the tape by listening to and imitating the native speakers you hear. The way they pronounce Greek is the authentic pronunciation which you should use as a model.

As any other language, Greek has assimilated foreign words over the years. Some of these have been adapted suffficiently to look Greek but some are simply transliterated, i.e. written in the Greek alphabet. Examples of the latter are words like 'grapefruit' and 'windsurfing'. Whenever such words appear in *Greek in your Pocket*, they have been left in English. Pronounce them as you would in English and you will be perfectly well understood.

Some of the punctuation marks used in Greek are the same as in English, e.g. the full stop and the comma. Some, however, are different. The question mark looks like the English semi colon (;). It is used in this book after questions in Greek.

Basic expressions

yes	*ne* ναι
no	*ohi* όχι
please	*parakalo* παρακαλώ
thank you	*efharisto* ευχαριστώ
sorry	*signomi* συγνώμη
pardon?	*me sighorite?* με συγχωρείτε;
hello	*yia sas* γεια σας
How are you?	*pos iste?* Πώς είστε;
Goodbye	*andio* αντίο
help!	*voiTHia!* βοήθεια!
I am ill (man/woman)	*ime arostos/arosti* είμαι άρρωστος/άρρωστη
How much is it?	*poso kani?* Πόσο κάνει;
What does it mean?	*ti simeni?* Τι σημαίνει;
I don't know	*then xero* Δεν ξέρω
Good morning	*kalimera* Καλημέρα
Good afternoon*	*herete* Χαίρετε
Good evening	*kalispera* Καλησπέρα
Good night	*kalinihta* Καληνύχτα

Basic expressions

* There is no direct equivalent in Greek. Χαίρετε is a general greeting which can be used both as a formal *hello* and *goodbye* at any time.

I don't speak Greek	*the milo elinika* Δε μιλώ ελληνικά
Could you speak more slowly?	*borite na milate pio arga*? Μπορείτε να μιλάτε πιο αργά;
I don't understand	*then katalaveno* Δεν καταλαβαίνω
Do you speak English?	*milate anglika*? Μιλάτε αγγλικά; ·
Where are the toilets?	*poo ine i tooaletes?* * Πού είναι οι τουαλέτες;

* You may come across another word for *toilets*: τα αποχωρητήρια *ta apohoritiria*

Can you help me?	*borite na me voiTHisete?* Μπορείτε να με βοηθήσετε;

When speaking to strangers in Greek, it is best to use the polite form of address i.e. εσείς = *you*. One can use the more familiar second person singular εσύ to friends. In this book, we will use the polite form and the corresponding verb endings e.g. *Do you speak English?* μιλάτε αγγλικά;

it's	*ine* είναι
it's not	*then ine* δεν είναι
What is it?	*ti ine?* Τι είναι;
too	*episis* επίσης
where?	*poo?* πού;
when	*otan* όταν
when?	*pote?* πότε;

9

Basic expressions

how?	*pos?* πώς;
must . . . ?	*prepi na. . . ?* πρέπει να . . . ;
Can I . . .?	*boro na . . . ?* μπορώ να . . . ;
will/shall . . . ?	*tha . . . ?* θα . . . ;
I'd like to . . .	*Tha iTHela na . . . ?* Θα ήθελα να . . . ;

- Throughout *Greek in your Pocket*, when the infinitive form of a verb is given, the equivalent Greek is given in the first person singular, present tense. This is because there is no simple form of the infinitive in Greek.

- In Greek, adjectives have three forms according to whether the nouns they describe are masculine, feminine or neuter. So, adjectives will be given in the three forms, i.e. masculine, feminine, neuter.

- Masculine nouns are preceded by the article **o**, feminine nouns by **η**, and neuter nouns by **το**. In the *Wordlist* at the end of the book you will find that all nouns are given with the appropriate article, so that you will know which form of the adjective to use. Do not worry if you get it wrong. People will understand you all the same.

ARRIVAL AND DEPARTURE

- There are two terminals at Athens airport (often referred to as το Ελληνικό) – the East terminal used by all foreign airlines and the West terminal used by Olympic Airways (the Greek national carrier) for both international and domestic flights. If your plans involve connecting flights operating from the different terminals allow plenty of time to get from the one to the other.
- There is a bus service from both terminals at Elliniko to the centre of Athens (Leoforos Amalias 4, off Syndagma Square) as well as between the West terminal and Piraeus. Taxis are available but not always in sufficient supply and queuing can be chaotic. There is no rail connection between the airport and central Athens.
- Travellers to Cyprus will arrive at either Larnaca or

Arrival and departure

Paphos airport. Normally there is no difficulty in finding a taxi and queues are generally orderly.
- Travellers with a stamp from the Turkish Republic of Northern Cyprus in their passports are not permitted entry to Greece or to the Republic of Cyprus.
- Hotel reservations and car hire are widely available at all main airports.

Asking the way

Excuse me, where is . . .?	*me sighorite, poo ine . . . ?* Με συγχωρείτε, πού είναι . . . ;
. . . the bar	. . . *to bar* το μπαρ
. . . the car hire desk	. . . *i enikiasis aftokiniton* οι ενοικιάσεις αυτοκινήτων
. . . the car park	. . . *o horos staTHmevseos* ο χώρος σταθμεύσεως
. . . the exit	. . . *i exothos* η έξοδος
. . . the information bureau	. . . *i plirofories* οι πληροφορίες
. . . the left luggage office	. . . *i filaxi aposkevon* η φύλαξη αποσκευών
. . . the check-in desk	. . . *o eleghos aposkevon* ο έλεγχος αποσκευών
. . . the restaurant	. . . *to estiatorio* το εστιατόριο
. . . the departure lounge	. . . *i eTHoosa anahoriseon* η αίθουσα αναχωρήσεων
. . . the ticket desks	. . . *i ekthosis isitirion* οι εκδόσεις εισιτηρίων

Arrival and departure

. . . the bus stop	. . . *i stasi too leoforioo* η στάση του λεωφορείου
. . . the bank	. . . *i trapeza* η τράπεζα
. . . the foreign exchange	. . . *to sinalayma* το συνάλλαγμα

Foreign exchange services at airports and ports are run by banks. Look for the sign for a bank, which will be in Greek (ΤΡΑΠΕΖΑ) and in English. In the bank itself look for the sign ΣΥΝΑΛΛΑΓΜΑ.

Excuse me, where are . . . ?	*me sighorite, poo ine . . . ?* Με συγχωρείτε, που είναι . . . ;
. . . the taxis	. . . *ta taxi* τα ταξί
. . . toilets	. . . *i tooaletes* οι τουαλέτες
Where can I . . . ?	*poo boro na . . . ?* Πού μπορώ να . . . ;
. . . find my luggage	. . . *vro tis aposkeves moo* βρω τις αποσκευές μου
. . . find a porter	. . . *vro ahTHoforo* βρω αχθοφόρο
. . . find a trolley	. . . *vro karotsaki* βρω καροτσάκι
How do I get to the . . . ?	*pos boro na pao ston/sti/sto . . . ?* Πώς μπορώ να πάω στον/στη/στο . . . ;
How far is the . . . ?	*poso makria ine oli/to . . . ?* Πόσο μακριά είναι ο/η/το . . . ;

Arrival and departure

● In the last two examples you cannot have failed to notice that *to* and *the* have been rendered by three alternative words – not just one as you might have expected. This is because, as we have already seen in the *Basic expressions* section, nouns in Greek can be masculine, feminine or neuter. The three alternatives given here are in that order for use according to the gender of the name of your destination. Don't worry if you can't get them all right. You will be understood perfectly well, all the same.

Is there a bus stop near here?	*iparhi stasi leoforioo etho konda?* Υπάρχει στάση λεωφορείου εδώ κοντά;
Is it far?	*ine makria?* Είναι μακριά;
Is it near?	*ine konda?* Είναι κοντά;
Where's the nearest . . . ?	*poo ine o kondinoteros/i kondinoteri/ to kondinotero . . . ?* Πού είναι ο κοντινότερος/η κοντινότερη/το κοντινότερο . . . ;
Could you repeat that, please?	*borite na to epanalavete, parakalo?* Μπορείτε να το επαναλάβετε, παρακαλώ;
Please, speak more slowly.	*milate pio arga, parakalo.* Μιλάτε πιο αργά, παρακαλώ.
I didn't understand.	*then katalava.* Δεν κατάλαβα.

Arrival and departure

You may hear:

na parete . . . Να πάρετε . . .	Take . . .
. . . *ton proto thromo* τον πρώτο δρόμο	. . . the first road
. . . *to theftero thromo* το δεύτερο δρόμο	. . . the second road
. . . *sta thexia* στα δεξιά	. . . on the right
. . . *sta aristera* στα αριστερά	. . . on the left
na prohorisete isia brosta Να προχωρήσετε ίσια μπροστά	Go straight on
prepi na . . . Πρέπει να . . .	You have to . . .
. . . *stripsete thexia* στρίψετε δεξιά	. . . turn right
. . . *stripsete aristera* στρίψετε αριστερά	. . . turn left
sto telos too thromoo στο τέλος του δρόμου	. . . at the end of the street
ine peripoo thio hiliometrao *apotho* Είναι περίπου δυο χιλιόμετρα από 'δώ	It's about two kilometres from here

Getting a Taxi

You may see:

ΤΑΞΙ	**taxi**
Taxi	

Where can I get a taxi?	*poo boro na vro ena taxi?*
	Πού μπορώ να βρω ένα ταξί;
I want to go . . .	*THelo na pao . . .*
	Θέλω να πάω . . .
. . . to this address	*. . . s'afti ti thiefthinsi*
	σ' αυτή τη διεύθυνση
. . . to the airport	*. . . sto aerothromio*
	στο αεροδρόμιο
. . . to the port	*. . . sto limani*
	στο λιμάνι
. . . to the bus station	*. . . sto staTHmo ton leoforion*
	στο σταθμό των
	λεωφορείων
. . . to the railway station	*. . . sto sithirothromiko*
	staTHmo
	στο σιδηροδρομικό
	σταθμό
Not so fast, please!	*ohi toso grigora, parakalo*
	'Οχι τόσο γρήγορα,
	παρακαλώ
Stop here, please	*na stamatisete etho, parakalo*
	Να σταματήσετε εδώ,
	παρακαλώ
Can you wait for me, please?	*borite na me perimenete,*
	parakalo?
	Μπορείτε να με
	περιμένετε, παρακαλώ;
How much is it?	*poso kani?*
	Πόσο κάνει;
Here's something for you	*ke kati yia sas*
(*a tip*)	Και κάτι για σας

Arrival and departure

I'm in a hurry	*viazome* Βιάζομαι
Could you help me with my luggage?	*borite na me voiTHisete me tis aposkeves moo?* Μπορείτε να με βοηθήσετε με τις αποσκευές μου;

At Customs

You may see:

ΤΕΛΩΝΕΙΑΚΟΣ ΕΛΕΓΧΟΣ	**(Customs control)** *teloniakos eleyhos*

I'm English	*ime anglos/anglitha* Είμαι 'Αγγλος/Αγγλίδα

- The Greek word for 'British' is not generally used. To all intents and purposes, for the Greeks, everybody from the UK is English. Britain and the UK are referred to as η Αγγλία (*anglia*) – *England*.
- The two alternative forms for *English* are for a man/a woman. The two forms will be given every time the translation for a nationality occurs.

I'm American	*ime amerikanos/amerikanitha* Είμαι Αμερικανός/Αμερικανίδα
Here it is/they are	*etho ine* εδώ είναι
I don't know	*then xero* Δεν ξέρω
I don't understand	*then katalaveno* Δεν καταλαβαίνω

Arrival and departure

I've bought . . .	*agorasa . . .* Αγόρασα . . .
. . . a carton of cigarettes	*. . . mia koota tsigara* μια κούτα τσιγάρα
. . . a bottle of . . .	*. . . ena bookali . . .* ένα μπουκάλι . . .
. . . a film	*. . . ena film* ένα φιλμ
. . . some souvenirs	*. . . merika soovenir* μερικά σουβενίρ
. . . a watch	*. . . ena roloi* ένα ρολόι
. . . some perfume	*. . . ligo aroma* λίγο άρωμα
It's for my personal use	*ine yia prosopiki moo hrisi* Είναι για προσωπική μου χρήση

You may hear:

to thiabatirio sas, parakalo Το διαβατήριό σας, παρακαλώ	**Your passport, please**
onomateponimo? Ονοματεπώνυμο;	**Full name?**
ipikootita? Υπηκοότητα;	**Nationality?**
poso kero THa minete? Πόσο καιρό θα μείνετε;	**How long are you staying?**
anixte tis aposkeves sas, *parakalo* Ανοίξτε τις αποσκευές σας, παρακαλώ	**Open your luggage, please**
ehete tipota na thilosete? Έχετε τίποτα να δηλώσετε;	**Have you anything to declare?**

ACCOMMODATION

Hotels in Greece are officially classified as Luxury, A,B,C,D,E. With the exception of the higher categories, standards tend to be basic and public rooms utilitarian or absent. The lower categories may not have restaurants. In Cyprus, hotels are usually of a high standard and are classified into categories ranging from 5 star to 1 star. A "Hotel and Tourist Guide" is available from the Cyprus Tourism Organisation, at 213, Regent Street, London W1R 8DA, Tel: 071 734 9822, Fax: 021 287 6534.

On most of the Greek islands accommodation can be obtained in rooms in private houses. This can only be done on the spot and the tourist police or the National Tourist Organisation of Greece, Ελληνικός Οργανισμός Τουρισμού or EOT for short, can assist in providing lists of registered accommodation.

- The EOT also manages a small number of settlements of traditional style buildings which have been converted to guest houses. Information on these can be obtained from the National Tourist Organisation of Greece at 4 Conduit Street, London W1R 0DJ, Tel. 071 734 5997, Fax: 071 287 1369. Accommodation in private houses is not usually available in Cyprus.
- Villas, houses and apartments can be rented in both Greece and Cyprus and are particularly popular on the islands and in Cyprus and can offer comfortable accommodation. It is advisable to make reservations through a travel agent before you travel.
- Camping is only allowed at recognised camping sites and is not as common as in other European countries. In Cyprus in particular, camp sites are far more popular with the local population than with tourists.
- Accommodation in the most popular resorts can be difficult to find in high season and overbooking is not unknown. At most popular resorts, the National Tourist Organisation of Greece (EOT) and in Cyprus the Cyprus Tourism Organisation, Κυπριακός Οργανισμός Τουρισμού (KOT), have offices which can provide help and information on anything from sports to accommodation and local festivals.
- When you register at a hotel, apartment or guest house you may be required to fill in a registration form and to leave your passport with the reception for a short time. Registration forms in tourist hotels will almost certainly be in both Greek and English. However, you may find the following phrases useful particularly if you are visiting more remote areas.

Accommodation

You may see:

ΞΕΝΟΔΟΧΕΙΟ *xenothohio*	**HOTEL**
Ονοματεπώνυμο *onomateponimo*	**Full name**
Διεύθυνση *thiefthinsi*	**Address**
Ημερομηνία και τόπος γεννήσεως *imerominia ke topos yeniseos*	**Date and place of birth**
Αρ. διαβατηρίου *Ar. thiavatirioo*	**Passport No.**
Υπογραφή *ipografi*	**Signature**

At a hotel

Is there a hotel near here?	*iparhi xenothohio etho konda?* Υπάρχει ξενοδοχείο εδώ κοντά;
My name is . . .	*to onoma moo ine . . .* Το όνομά μου είναι
Have you any rooms?	*ehete thomatia?* Έχετε δωμάτια;
No, I haven't booked	*ohi, then eho klisi thomatio* Όχι, δεν έχω κλείσει δωμάτιο
I'd like to book a room	*THa iTHela na kliso thomatio* Θα ήθελα να κλείσω δωμάτιο
Do you have a . . . ?	*ehete ena . . . ?* Έχετε ένα . . . ;
. . . single/double room	*. . . monoklino/thiklino thomatio* μονόκλινο/δίκλινο δωμάτιο

21

Accommodation

We're staying for . . .	*THa minoome yia . . .* Θα μείνουμε για . . .
. . . one night/two nights	*. . . mia nihta/thio nihtes* μια νύχτα/δύο νύχτες
. . . a week/two weeks	*. . . mia evthomatha/thio evthomathes* μια εβδομάδα/δύο εβδομάδες
What is the cost of a room . . . ?	*poso kostizi ena thomatio . . . ?* Πόσο κοστίζει ένα δωμάτιο . . .;
. . . for one person	*. . . yia ena atomo* για ένα άτομο
. . . for two	*. . . yia thio atoma* για δύο άτομα
. . . for a family	*. . . yia mia ikoyenia* για μια οικογένεια
. . . with one bed	*. . . me ena krevati* με ένα κρεβάτι
. . . with a double bed	*. . . me thiplo krevati* με διπλό κρεβάτι
. . . with two beds	*. . . thiklino* δίκλινο
. . . with an extra bed	*. . . me ena epipleon krevati* με ένα επιπλέον κρεβάτι
. . . with a shower	*. . . me doos* με ντους
. . . without a shower	*. . . horis doos* χωρίς ντους
. . . with a bathroom	*. . . me banio* με μπάνιο
. . . without a bathroom	*. . . horis banio* χωρίς μπάνιο
. . . with a toilet	*. . . me tooaleta* με τουαλέτα

Accommodation

. . . with a view of the sea	. . . *me THea pros ti THalasa* με θέα προς τη θάλασσα
. . . away from the street	. . . *makria apo to thromo* μακριά από το δρόμο
. . . with air conditioning	. . . *me klimatismo* με κλιματισμό
We are two adults and three children	*imaste thio enilikes ke tria pethia* Είμαστε δύο ενήλικες και τρία παιδιά
How much is it . . .?	*poso kani . . .?* Πόσο κάνει . . .;
. . . per day	. . . *tin imera* την ημέρα
. . . per person	. . . *to **atomo*** το **άτομο**
. . . per night	. . . *ti nihta* τη νύχτα
. . . weekly	. . . *tin evthomatha* την εβδομάδα
. . . for half board	. . . *me imithiatrofi* με ημιδιατροφή
. . . for full board	. . . *me pliri thiatrofi* με πλήρη διατροφή
Is breakfast included?	*simberilamvani proino?* Συμπεριλαμβάνει πρωινό;
Are tax and service included?	*simberilamvani foroos ke ipiresia?* Συμπεριλαμβάνει φόρους και υπηρεσία;
Is there a reduced rate for children?	*iparhi ekptosi yia pethia?* Υπάρχει έκπτωση για παιδιά
What floor is the room on?	*se pio orofo ine to thomatio?* Σε ποιο όροφο είναι το δωμάτιο;

on the ground floor	*sto isoyio* στο ισόγειο
on the second floor	*sto theftero orofo* στο δεύτερο όροφο
on the third floor	*ston trito orofo* στον τρίτο όροφο
on the fourth floor	*ston tetarto orofo* στον τέταρτο όροφο
Is there a lift (elevator)?	*ehi asanser?* 'Εχει ασανσέρ;
It's too expensive	*ine poli akrivo* Είναι πολύ ακριβό
Have you anything cheaper?	*ehete kati pio ftino?* 'Εχετε κάτι πιο φτηνό;
We'll take them, please	*THa ta paroome, parakalo* Θα τα πάρουμε, παρακαλώ
We are leaving on Sunday	*fevgoome tin kiriaki* Φεύγουμε την Κυριακή
Do you want a deposit?	*THelete prokatavoli?* Θέλετε προκαταβολή;
Do you want to see our passports?	*THelete na thite ta thiavatiria mas?* Θέλετε να δείτε τα διαβατήριά μας;
At what time do you . . .?	*ti ora . . .?* Τι ώρα . . .;
. . . serve breakfast	*. . . servirete to proino* σερβίρετε το πρωινό
. . . serve lunch	*. . . servirete to mesimeriano* σερβίρετε το μεσημεριανό
. . . serve dinner	*. . . servirete to thipno* σερβίρετε το δείπνο

Accommodation

English	Greek (transliteration)	Greek
How far away is . . .?	*poso makria ine . . .?*	Πόσο μακριά είναι . . .;
. . . the beach	*. . . i paralia*	η παραλία
. . . the port	*. . . to limani*	το λιμάνι
. . . the airport	*. . . to aerothromio*	το αεροδρόμιο
. . . please	*. . . parakalo*	παρακαλώ
The bill (the check), . . .	*to logariasmo, . . .*	Το λογαριασμό, . . .
The key, . . .	*to klithi, . . .*	Το κλειδί, . . .
An extra pillow, . . .	*akoma ena maxilari, . . .*	Ακόμα ένα μαξιλάρι, . . .
Some soap, . . .	*ligo sapooni, . . .*	Λίγο σαπούνι, . . .
A towel, . . .	*mia petseta, . . .*	Μια πετσέτα, . . .
An ashtray, . . .	*ena tasaki, . . .*	'Ενα τασάκι, . . .
An extra blanket, . . .	*ki ali mia kooverta, . . .*	Κι άλλη μια κουβέρτα, . . .
Toilet paper, . . .	*harti tooaletas, . . .*	Χαρτί τουαλέτας, . . .
Do you take credit cards?	*theheste pistotikes kartes?*	Δέχεστε πιστωτικές κάρτες;
Can I pay by Eurocheque?	*boro na pliroso me evroepitayi?*	Μπορώ να πληρώσω με ευρωεπιταγή;

Accommodation

You may see:

ΑΣΑΝΣΕΡ *or* ΑΝΕΛΚΥΣΤΗΡΑΣ *asanser or anelkistiras*	**Lift**
ΤΗΛΕΦΩΝΟ *tilefono*	**Telephone**
ΤΟΥΑΛΕΤΕΣ *or* ΑΠΟΧΩΡΗΤΗΡΙΑ *tooaletes or apohoritiria*	**Toilets**
ΧΩΡΟΣ ΣΤΑΘΜΕΥΣΕΩΣ *horos staTHmefseos*	**Car park**

You may hear:

ehete klisi thomatia? Έχετε κλείσει δωμάτια;	**Have you reserved rooms?**
ehete thiavatirio i taftotita? Έχετε διαβατήριο ή ταυτότητα;	**Do you have a passport or identity card?**
the simberilamvanonde ta yevmata Δε συμπεριλαμβάνονται τα γεύματα	**Meals are not included**
then iparhi asanser Δεν υπάρχει ασανσέρ	**There is no lift**
ipograpste etho, parakalo Υπογράψτε εδώ, παρακαλώ	**Sign here, please**
simbliroste afto to endipo Συμπληρώστε αυτό το έντυπο	**Fill in this form**
poses meres THa minete? Πόσες μέρες θα μείνετε;	**How many days will you be staying for?**
then ehoome thomatia Δεν έχουμε δωμάτια	**We don't have rooms**

Accommodation

Apartments

I would like an apartment ..	THa iTHela ena thiamerisma . . . Θα ήθελα ένα διαμέρισμα . . .
. . . with one bedroom	. . . me ena ipnothomatio με ένα υπνοδωμάτιο
. . . with two bedrooms	. . . me thio ipnothomatia με δύο υπνοδωμάτια
. . . with a bathroom	. . . me banio με μπάνιο
. . . for two people	. . . yia thio atoma για δύο άτομα
. . . for a week	. . . yia mia evthomatha για μια εβδομάδα
. . . for a fortnight	. . . yia thio evthomathes για δύο εβδομάδες
. . . with a balcony	. . . me balkoni με μπαλκόνι
. . . with a swimming pool	. . . me pisina με πισίνα
Which floor is it on?	se pio orofo ine? Σε ποιο όροφο είναι;
I prefer the first/ground floor	protimo ton proto orofo/to isoyio Προτιμώ τον πρώτο όροφο/ το ισόγειο
How many beds does it have?	posa krevatia ehi? Πόσα κρεβάτια έχει;
Is there a sofa-bed?	ehi kanape-krevati? Έχει καναπέ-κρεβάτι;

Is . . . included?	*simberilamvanete . . .?* Συμπεριλαμβάνεται . . .;
. . . the gas	*. . . to gazi* το γκάζι
. . . the electricity	*. . . to ilektriko* το ηλεκτρικό
. . . the rubbish collection	*. . . to mazema ton skoopithion* το μάζεμα των σκουπιδιών
. . . the cleaning	*. . . to kaTHarisma* το καθάρισμα
Is everything included?	*simberilamvanonde ola?* Συμπεριλαμβάνονται όλα;
Is there a receptionist/caretaker?	*iparhi ipalilos ipothohis/epistatis?* Υπάρχει υπάλληλος υποδοχής/επιστάτης;
When . . .?	*pote . . .?* Πότε . . .;
. . . is it cleaned	*. . . kaTHarizete* καθαρίζεται
. . . are the sheets changed	*. . . alazonde ta sendonia* αλλάζονται τα σεντόνια
. . . is the pool cleaned	*. . . kaTHarizete i pisina* καθαρίζεται η πισίνα
I need . . .	*hriazome . . .* Χρειάζομαι . . .
. . . a plumber	*. . . enan ithravliko* έναν υδραυλικό
. . . an electrician	*. . . enan ilektrologo* έναν ηλεκτρολόγο

Checking Out

The bill (check), please	*to logariasmo, parakalo* Το λογαριασμό, παρακαλώ
Is everything included?	*simberilamvanonde ola?* Συμπεριλαμβάνονται όλα;
Can I pay by credit card?	*boro na pliroso me pistotiki karta?* Μπορώ να πληρώσω με πιστωτική κάρτα;
Can you get us a taxi?	*borite na mas vrite ena taxi?* Μπορείτε να μας βρείτε ένα ταξί;
Could somebody bring our luggage down?	*bori kapios na katevasi tis aposkeves mas?* Μπορεί κάποιος να κατεβάσει τις αποσκευές μας;
Our passports, please	*ta thiavatiria mas, parakalo* Τα διαβατήριά μας, παρακαλώ
I must leave immediately	*prepi na figo amesos* Πρέπει να φύγω αμέσως
How much were the telephone calls?	*poso kostisan ta tilefonimata?* Πόσο κόστισαν τα τηλεφωνήματα;
I think there's a mistake on the bill	*nomizo oti eyine kapio laTHos sto logariasmo* Νομίζω ότι έγινε κάποιο λάθος στο λογαριασμό
You've charged too much	*ehete hreosi perisotero apoti prepi* Έχετε χρεώσει περισσότερο απ' ό, τι πρέπει

EATING OUT

PETΣINA
K
KOYPTAKH

Meals

- You can roughly divide the places where you can eat out into those offering Greek food and those offering Greek style food adapted to European tastes. The sign ΕΣΤΙΑΤΟΡΙΟΝ (restaurant) is where the locals will usually go for a meal, either lunch or dinner. Unless they are enjoying a special meal out, they will tend to have just one course, not necessarily including meat or fish, and a side salad and almost invariably bread. Where the clientele is predominantly Greek, the likelihood is that it will serve Greek food which may not always be to western tastes as meat in Greece, unless grilled, is almost invariably cooked in bountiful quantities of oil.
- The sign ΤΑΒΕΡΝΑ (taverna) may indicate either a working man's drinking place, where retsina and ouzo can be quietly enjoyed with a variety of small

appetisers, or a more up market establishment
primarily for the tourist where Greek food is served
to the accompaniment of Greek music and even
Greek dancing.

- The menu (ΜΕΝΟΥ or ΚΑΤΑΛΟΓΟΣ) is usually
  displayed outside eating places. Under της ώρας
  (*tis oras*) you will find dishes prepared to order as
  opposed to those prepared well in advance.
- The bill usually includes all local taxes and a service
  charge. However, you are always expected to leave
  a modest tip.

Can you recommend a good taverna?	*borite na moo sistisete mia kali taverna?* Μπορείτε να μου συστήσετε μια καλή ταβέρνα;
Where can I find a cheap restaurant?	*poo boro na vro ena ftino estiatorio?* Πού μπορώ να βρω ένα φτηνό εστιατόριο;
I'd like to reserve a table for four	*THa iTHela na kliso ena trapezi yia tesera atoma* Θα ήθελα να κλείσω ένα τραπέζι για τέσσερα άτομα
For 8 o' clock	*yia tis okto* Για τις οκτώ
Is this table free?	*ine elefTHero afto to trapezi?* Είναι ελεύθερο αυτό το τραπέζι;
Can we have a table . . . . ?	*boroome na ehoome ena trapezi . . . ?* Μπορούμε να έχουμε ένα τραπέζι . . . ;
. . . in the corner	*. . . sti gonia* στη γωνία
. . . by the window	*. . . konda sto paraTHiro* κοντά στο παράθυρο

... outside ... exo

εξω

Eating out

... outside	... *exo*
	έξω
... in a non smoking area	... *se horo poo apagorevete to kapnisma*
	σε χώρο που απαγορεύεται το κάπνισμα
... in the smoking area	... *se horo poo epitrepete to kapnisma*
	σε χώρο που επιτρέπεται το κάπνισμα

The bill, please   *to logariasmo, parakalo*
Το λογαριασμό, παρακαλώ

Snacks

- If all you want is a snack, there are many take-away places which sell kebabs (σουβλάκι/ *soovlaki*). They may have a small number of tables where, for a small extra charge, you can eat and order a soft drink or beer.
- At a ΚΑΦΕΤΕΡΙΑ (cafeteria) you can have a soft drink or a snack, usually a sandwich or even a beefburger.
- ΖΑΧΑΡΟΠΛΑΣΤΕΙΟΝ (*zaharoplastion*) – pâtisserie – is the sign to look for if you want to sit down for a soft drink, coffee or tea and cakes. There are many excellent Greek sweet pastries to try and you will be welcome to go inside the pâtisserie to choose what you want (see *Understanding the menu*). However, remember that Greek pastries can be very sweet.
- The ΚΑΦΕΝΕΙΟΝ (*kafenion*) is a very traditional Greek coffee-shop patronised mainly by Greek men. It will serve only Greek coffee (*see below*) and soft drinks. It is a meeting place for local men where they can chat with friends, play cards or backgammon or just watch the world go by.
- When ordering coffee (καφέ, *kafe*) bear in mind

Eating out

that you will usually get Greek (Turkish-style) coffee and it is necessary to state how sweet you drink it when ordering (see *Ordering drinks*). It is always served black. If you want instant coffee, then you should ask for νεσκαφέ (*nescafé*).

Ordering soft drinks

A (Greek) coffee, please	*enan kafe, parakalo* 'Έναν καφέ, παρακαλώ
. . . without sugar	. . . *sketo* σκέτο
. . . medium sweet	. . . *metrio* μέτριο
. . . sweet	. . . *gliko* γλυκό
. . . very sweet	. . . *vari gliko* βαρύ γλυκό
An instant coffee with milk	*ena nescafé me gala* 'Ένα νεσκαφέ με γάλα
An iced coffee	*enan kafe frape* 'Έναν καφέ φραπέ
An orange juice	*ena himo portokalioo* 'Ένα χυμό πορτοκαλιού
A lemon juice	*ena himo lemonioo* 'Ένα χυμό λεμονιού
A grapefruit juice	*ena himo grapefruit* 'Ένα χυμό γκρέιπφρουτ
An orangeade	*mia portokalatha* Μια πορτοκαλάδα
A lemonade	*mia lemonatha* Μια λεμονάδα
A glass of water	*ena potiri nero* 'Ένα ποτήρι νερό
Tea for two	*tsai yia thio* Τσάι για δύο

... with milk	... *me gala* με γάλα
... without sugar	... *horis zahari* χωρίς ζάχαρη
... with lemon	... *me lemoni* με λεμόνι

Ordering snacks

What sort of sandwiches do you have?	*ti sandwich ehete?* Τι σάντουιτς έχετε;
A . . . . sandwich	*ena sandwich me . . .* Ένα σάντουιτς με . . .
... cheese	... *tiri* τυρί
... ham	... *zambon* ζαμπόν
... salami	... *salami* σαλάμι

You may see on the menus:

Τυρόπιτα *tiropita*	Cheese pie
Σπανακόπιτα *spanakopita*	Spinach pie
Πίτσα *pitsa*	Pizza
Γλυκά ταψιού *glika tapsioo*	sweets in syrup
Καταΐφι *kata-ifi*	shredded pastry with a filling of almonds in syrup
Μπακλαβάς *baklavas*	filo pastry filled with nuts in syrup
Γαλατομπούρεκο *galatombooreko*	filo pastry with cream filling in syrup

Eating out

Πάστες *pastes*	**cookies**
Παγωτά *pagota*	**ice creams**

You may hear:

ne, parakalo Ναι, παρακαλώ	**Yes, please**
tipotalo? Τίποτ' άλλο;	**Anything else?**
sinisto . . . Συνιστώ	**I recommend** . . .
then ehoome . . . Δεν έχουμε	**We don't have** . . .

Ordering a meal

Many of the traditional eating places display food
in glass-fronted refrigerators and it is perfectly
acceptable to ask to select your own food.
In the more Europeanised restaurants, which open
mainly for dinner, Greek food is prepared for
western tastes and three-course meals are served.
The typical Greek starter is, of course, the Greek
meze consisting of a number of small dishes and
including such delicacies as tahini, tzatziki,
taramosalata, bread, salad, and perhaps fried fish
such as squid (see *Understanding the menu*). The
main dish usually consists of grilled meat or fish.
Vegetables are not usually served automatically
with your meal and you should ask for them
specifically. In general, sweets are not eaten after a
meal; instead fresh fruit is the preferred third
course. Sweets, cakes and ice cream are best
eaten at a patisserie. Coffee is not usually drunk
after a meal.

Eating out

Can we see the menu please?	*boroome na thoome ton katalogo, parakalo?* Μπορούμε να δούμε τον κατάλογο, παρακαλώ;
I'll have . . .	*THa paro . . .* Θα πάρω . . .
. . . chicken	*. . . kotopoolo* κοτόπουλο
. . . fish	*. . . psari* ψάρι
. . . lamb	*. . . arnaki* αρνάκι
. . . pork	*. . . hirino* χοιρινό
. . . beef	*. . . mos-hari* μοσχάρι
. . . salad	*. . . salata* σαλάτα
. . . a bottle of still/ carbonated water	*. . . ena bookali epitrapezio/metaliko nero* ένα μπουκάλι επιτραπέζιο/ μεταλλικό νερό
. . . a bottle of white/red/ rosé wine	*. . . ena bookali aspro/ kokino/roze krasi* 'Ένα μπουκάλι άσπρο/κόκκινο/ροζέ κρασί
Waiter!	*garson!* Γκαρσόν!
Waitress!	*thespinis!* Δεσποινίς!

Eating out

Excuse me, I haven't got a . . .	*me sighorite, then eho . . .* Με συγχωρείτε, δεν έχω . . .
. . . cup	*. . . flitzani* φλιτζάνι
. . . fork	*. . . pirooni* πιρούνι
. . . glass	*. . . potiri* ποτήρι
. . . knife	*. . . maheri* μαχαίρι
. . . plate	*. . . piato* πιάτο
. . . spoon	*. . . kootali* κουτάλι
. . . ashtray	*. . . tasaki* τασάκι
That's enough, thank you	*ftani, efharisto* Φτάνει, ευχαριστώ
A small portion, please	*mikri meritha, parakalo* Μικρή μερίδα, παρακαλώ
Do you have any vegetarian dishes?	*ehete piata yia hortofagoos?* 'Εχετε πιάτα για χορτοφάγους;
Some more, please	*ligo akoma, parakalo* Λίγο ακόμα, παρακαλώ

You may hear:

apotho, parakalo Από 'δώ παρακαλώ	**This way please**
amesos! Αμέσως!	**Coming! (*at once*)**
kali orexi Καλή όρεξη	**Bon appétit**

Understanding the menu

Ορεκτικά/*Orektika   Starters*

- Starters are not served as they are in England, i.e. one dish per person. Instead, a selection of dishes is ordered and each person tries a little of each. Many starters are dips.
- It is worth remembering that bread is different from the bread in the UK. At restaurants, it is usually served in chunks of a quarter of a round loaf cut in thick slices.
- Χωριάτικη σαλάτα/*horiatiki salata*, meaning 'village salad' in Greek, is what is generally referred to as 'Greek salad' at Greek restaurants in the UK. It contains tomatoes, cucumber and lettuce – or more often white cabbage, black olives and feta cheese – and is served with a dressing of olive oil and lemon or vinegar.
- Greek yogurt has a strong flavour and is plain. It is not eaten on its own but as a side dish.

ταχίνι *tahini*	**tahini**
τζατζίκι *tzatziki*	**tzatziki**
ταραμοσαλάτα *taramosalata*	**taramosalata**
ψωμί *psomi*	**bread**
χωριάτικη σαλάτα *horiatiki salata*	**'village salad'**
σαλάτα τομάτα *salata tomata*	**tomato salad**
αγγουροτομάτα *angoorotomata*	**tomato and cucumber salad**
σαλάτα μαρούλι *salata marooli*	**lettuce salad**

Eating out

μελιτζανοσαλάτα *melitzanosalata*	aubergine salad
γιαούρτι *yiaoorti*	yogurt
φέτα *feta*	feta cheese
ελιές *elies*	olives
καλαμάρια *kalamaria*	squid in slices (fried or grilled)
χταπόδι *htapothi*	octopus
κεφτέδες *keftethes*	meat balls

Ψάρια/*psaria* Fish

λιθρίνι *liTHrini*	white mullet
μπαρμπούνι *barbooni*	red mullet
γαρίδες *garithes*	prawns
αστακός *astakos*	lobster
ξιφίας *xifias*	swordfish
γλώσσα *glosa*	sole
συναγρίδα *sinagritha*	sea bream
σουπιές *soopies*	cuttlefish

Eating out

Κρέας και πουλερικά/kreas ke poolerika
Meat and poultry

The best and freshest meat and poultry will be found on the menu under Της 'Ωρας i.e. freshly cooked. The meat is usually grilled shortly after it has been ordered and is tastiest when done over a charcoal grill – στα κάρβουνα. These dishes are best eaten with a salad, yogurt and bread and far more likely to be to English tastes than if cooked Greek style, often in copious amounts of oil.

παϊδάκια αρνίσια *paithakia arnisia*	**lamb chops**
κοτολέτες χοιρινές *kotoletes hirines*	**pork cutlets**
μπριζόλα χοιρινή *brizola hirini*	**pork chop**
μπριζόλα μοσχαρίσια *brizola mos-harisia*	**steak**
μπιφτέκι *bifteki*	**beefburger**
σουβλάκι χοιρινό *soovlaki hirino*	**pork kebab**
σουβλάκι αρνίσιο *soovlaki arnisio*	**lamb kebab**
κοτόπουλο *kotopoolo*	**chicken**

There are a number of typically Greek meat dishes you may wish to try.

ντολμάδες *dolmathes*	**vine leaves with a stuffing of minced meat and rice**
πιπεριές γεμιστές *piperies yemistes*	**green peppers stuffed with minced meat and rice**
τομάτες γεμιστές *tomates yemistes*	**large tomatoes stuffed with minced meat and rice**
μουσακά *moosaka*	**layers of aubergines and minced beef**

Eating out

παστίτσιο μακαρόνι *pastitsio makaroni*	**layers of pasta and minced meat with a topping of white sauce, baked**
γιουβέτσι *yoovetsi*	**roast lamb with pasta**

Αυγά/*avga* Eggs

αυγά *avga*	**eggs**
. . . τηγανητά *tiganita*	**. . . fried**
. . . βραστά *vrasta*	**. . . boiled**
. . . posé *pose*	**. . . poached**
ομελέτα σκέτη *omeleta sketi*	**plain omelette**
ομελέτα τυρί *omeleta tiri*	**cheese omelette**
ομελέτα ζαμπόν *omeleta zambon*	**ham omelette**

Λαχανικά/*lahanika* Vegetables

There are a number of cooked vegetable dishes, according to the season, which can be eaten as a main or side dish. They may be served with a dressing of olive oil and lemon or vinegar or, if served as a main dish, they may well be cooked with meat and served in oil and tomato sauce.

γίγαντες *yigandes*	**large haricot beans**
μπάμιες *bamies*	**okra**

φασολάκια *fasolakia*	French beans
αντίδια *andithia*	endive
ραδίκια *rathikia*	vegetable similar to endive but grows wild
κολοκυθάκια *kolokiTHakia*	baby marrows
σπανάκι *spanaki*	spinach
πατάτες *patates*	potatoes
. . . τηγανητές *tiganites*	chips
. . . βραστές *vrastes*	boiled
. . . φούρνου *foornoo*	roast
. . . πουρέ *poore*	cream potatoes

Φρούτα της εποχής/*froota tis epohis*
Fruit in season

σταφύλι *stafili*	grapes
πεπόνι *peponi*	melon
καρπούζι *karpoozi*	water melon
σύκα *sika*	figs
αχλάδια *ahlathia*	pears
μήλα *mila*	apples

Eating out

κεράσια *kerasia*	cherries
ροδάκινα *rothakina*	peaches
φράουλες *fraooles*	strawberries
λεμόνι *lemoni*	lemon
γκρέιπφρουτ *grapefruit*	grapefruit
μπανάνα *banana*	banana
πορτοκάλι *portokali*	orange
βερίκοκο *verikoko*	apricot
κομπόστα *kombosta*	stewed or tinned fruit

Drinks

- Unless taken with a meal, drinks, including retsina and beer, are usually served accompanied by a few nuts or, in the Greek-style tavernas, even with a few μεζέδες – dishes of *meze* (see *Understanding the menu*).

- Ouzo is a very strong, refreshing drink made from aniseed and served with ice cold water. It is a clear liquid until the water is added when it turns milky white. It is deceptively refreshing and large quantities can be drunk with ease but care is needed as it can give a very bad hangover even to the most seasoned drinker. It is sipped slowly with *meze*.

- In winter in particular, brandy may be drunk instead of ouzo with *meze*. There are a few reasonable local brandies worth sampling. Manufacturers tend to give a five star appellation to their best brandy.

Eating out

a bottle	*ena bookali* ένα μπουκάλι
a half bottle	*ena mikro bookali* ένα μικρό μπουκάλι
a carafe	*ena karafaki* ένα καραφάκι
a glass	*ena potiri* ένα ποτήρι
red/white/rosé wine	*kokino/aspro/roze krasi* κόκκινο/άσπρο/ροζέ κρασί
dry	*xiro* ξηρό
sweet	*gliko* γλυκό
sparkling	*afrothes* αφρώδες
retsina (*resinated wine*)	*retsina* ρετσίνα
ouzo	*oozo* ούζο
brandy	*koniak* κονιάκ
on the rocks	*me pagakia* με παγάκια
beer	*bira* μπίρα

Eating out

Paying

Waiter! The bill, please	*garson! to logariasmo, parakalo* Γκαρσόν το λογαριασμό, παρακαλώ
Is service included?	*simberilanvanete ke i ipiresia?* Συμπεριλαμβάνεται και η υπηρεσία;
Is the cover charge included?	*simberilamvanete ke to koover?* Συμπεριλαμβάνεται και το κουβέρ;
Do you accept traveller's cheques?	*theheste traveller's cheques?* Δέχεστε traveller's cheques;
Have you got change?	*ehete resta?* Έχετε ρέστα;
Keep the change	*kratiste ta resta* Κρατήστε τα ρέστα
This is for you (*tip*)	*afto ine yia sas* Αυτό είναι για σας
Excuse me, there's a mistake	*me sighorite, ehi yini laTHos*
I/we had . . .	*pira/pirame . . .* Πήρα/πήραμε . . .
. . . the meze	*. . . mezethes* μεζέδες
. . . a bottle of . . .	*. . . ena bookali . . .* ένα μπουκάλι
How much is that?	*poso kani ekino?* Πόσο κάνει εκείνο;
But you have put . . . on the bill (check)	*ala ehete prosTHesi . . . sto logariasmo* Αλλά έχετε προσθέσει . . . στο λογαριασμό

45

Eating out

. . . ten pounds	. . . *theka lires* δέκα λίρες
. . . a hundred drachmas	. . . *ekato thrahmes* εκατό δραχμές
. . . five hundred drachmas	. . . *pendakosies thrahmes* πεντακόσιες δραχμές
. . . a thousand drachmas	. . . *hilies thrahmes* χίλιες δραχμές
I/we asked . . .	*zitisa/zitisame* . . . Ζήτησα/ζητήσαμε . . .
I/we didn't ask . . .	*the zitisa/zitisame* . . . Δε ζήτησα/ζητήσαμε . . .
You have put it on the bill **(check)**	*to prosTHesate sto logariasmo* Το προσθέσατε στο λογαριασμό
You are wrong	*kanete laTHos* Κάνετε λάθος
You are right	*thikio ehete* Δίκιο έχετε

You may hear:

simberilamvanete ke i *ipiresia* Συμπεριλαμβάνεται και η υπηρεσία	**The service is included**
the simberilambanete i *ipiresia* Δε συμπεριλαμβάνεται η υπηρεσία	**Service is not included**
THelete frooto? Θέλετε φρούτο;	**Do you want fruit?**
then ehoome Δεν έχουμε	**We don't have any**
THa to alaxo amesos Θα το αλλάξω αμέσως	**I will change it immediately**

Local Festivals

In the summer months there are various festivals
throughout Greece presenting classical Greek
drama, classical music, and folk dance and music.
Every year the Athens Festival puts on
performances by Greek as well as European
companies at the open air theatre of Ηρώδου του
Αττικού, *Herod Atticus*, at the foot of the
Acropolis. On the hill known as Φιλοπάππου,
Philopappos Hill, there are regular performances
of Greek folk songs and dances in period costume.
In Cyprus, performances of classical Greek drama
and concerts are often given at the open air Roman
theatre at Curium a few miles outside Limassol.
There are regular sound and light shows
throughout the summer months at the Acropolis in
Athens, the Palace of the Grand Masters in Rhodes
and The Old Fortress in Corfu.

Entertainment and sport

- The Easter celebrations, usually in April, can be quite dramatic and it is worth watching the church ritual during Easter week particularly in the countryside and on the islands.
- In Northern Greece, at the villages of Ayia Eleni near Serres and Langatha near Thessaloniki, on May 21st the local people celebrate the feast of St Helen by firewalking, known as Anastenaria.
- In wine producing areas there are wine festivals in early Autumn which are very colourful and a good opportunity to try the local produce.
- The 28th of October and the 25th of March are national days in Greece and Cyprus celebrated by military parades. In Cyprus the 1st of April is celebrated in similar fashion.
- More information on local events may be obtained from the local offices of the EOT, the National Tourist Organisation of Greece in Greece and KOT, the Cyprus Tourism Organisation.

Nightlife

- Cinemas show many Greek films which, unless you know Greek, will be difficult to follow. However, they also show most of the foreign films from in Europe with Greek subtitles.
- Nightclubs are very popular and offer a good opportunity to get a taste of modern Greek music. Some can be quite expensive, so it is worth making enquiries in advance. Most remain open until the early hours of the morning and the shows do not get into full swing until very late in the evening.
- Bouzoukia are a favourite form of late night entertainment with the Greeks and can be very colourful, offering a form of music known in Greek as λαϊκή μουσική, roughly translated as *popular music*. They are nightclubs offering dinner or drinks and where the singing is accompanied by the now famous stringed instrument το μπουζούκι, hence these nightclubs are known as *bouzoukia*.
- Tipping is expected at all such establishments and certainly by usherettes in theatres.

At the Cinema or Theatre

What's on at the cinema (movies)?	*ti pezete ston kinimatografo?* Τι παίζεται στον κινηματογράφο;
What's on at the theatre?	*ti pezete sto THeatro?* Τι παίζεται στο θέατρο;
Is it . . .?	*ine . . .?* Είναι . . .;
. . . an American/English film	. . . *amerikaniki/angliki tenia* αμερικανική/αγγλική ταινία
. . . a comedy	. . . *komothia* κωμωδία
. . . a detective film	. . . *astinomiko* αστυνομικό
. . a documentary	. . . *dokimander* ντοκιμαντέρ
. . . a horror film	. . . *tenia tromoo* ταινία τρόμου
. . . an ancient tragedy	. . . *arhea tragothia* αρχαία τραγωδία
. . . an ancient comedy	. . . *arhea komothia* αρχαία κωμωδία
. . . suitable for children	. . . *katalili yia pethia* κατάλληλη για παιδιά
. . . in black and white	. . . *aspromavri* ασπρόμαυρη
. . . dubbed	. . . *dooblarismeni* ντουμπλαρισμένη
. . . in English	. . . *sta anglika* στα αγγλικά
. . . in colour	. . . *eghromi* έγχρωμη
Are there sub-titles?	*ehi ipotitloos?* Έχει υποτίτλους;

How much is a ticket . . . ?	*poso kani ena isitirio . . . ?* Πόσο κάνει ένα εισιτήριο . . . ;
. . . in the balcony	*. . . ston exosti* στον εξώστη
. . . in the stalls	*. . . stin platia* στην πλατεία
. . . near the stage	*. . . konda sti skini* κοντά στη σκηνή
. . . for an adult	*. . . yia enan eniliko* . . . για έναν ενήλικο
. . . for a child	*. . . yia ena pethi* για ένα παιδί
Is there a special price . . . ?	*. . . iparhi ithiki timi . . . ?* Υπάρχει ειδική τιμή . . . ;
. . . for children	*. . . yia pethia* για παιδιά
. . . for a group	*. . . yia ena group* για ένα γκρουπ
. . . for students	*. . . yia fitites* για φοιτητές
. . . for pensioners	*. . . yia sindaxioohoos* για συνταξιούχους

Booking

I'd like . . .	*. . . THa iTHela* Θα ήθελα
. . . two seats in the stalls	*. . . thio THesis stin platia* δύο θέσεις στην πλατεία

Entertainment and sport

. . . four seats together on the balcony	. . . *teseris THesis mazi ston exosti* τέσσερις θέσεις μαζί στον εξώστη
. . . a seat near the screen	. . . *mia THesi konda stin oTHoni* μια θέση κοντά στην οθόνη
. . . a seat not too far back	. . . *mia THesi ohi poli piso* μια θέση όχι πολύ πίσω
. . . a seat in the middle	. . . *mia THesi sti mesi* μια θέση στη μέση
. . . a ticket for the afternoon performance	. . . *ena isitirio yia tin apoyevmatini parastasi* ένα εισιτήριο για την απογευματινή παράσταση
. . . three tickets for the evening performance	. . . *tria isitiria yia ti nihterini parastasi* τρία εισιτήρια για τη νυχτερινή παράσταση
At what time does . . . begin/ end?	*ti ora arhizi/telioni . . . ?* Τι ώρα αρχίζει/ τελειώνει . . . ;
. . . the afternoon performance	. . . *i apoyevmatini parastasi* η απογευματινή παράσταση
. . . the first performance	. . . *i proti parastasi* η πρώτη παράσταση
. . . the last performance	. . . *i teleftea parastasi* η τελευταία παράσταση
. . . the interval	. . . *to thialima* το διάλειμμα
Has the performance begun?	*ehi arhisi i parastasi?* Έχει αρχίσει η παράσταση;

Entertainment and sport

Can we order drinks in the interval?	*boroome na parangiloome pota sto thialima?* Μπορούμε να παραγγείλουμε ποτά στο διάλειμμα;
Is there a matinee performance?	*ehi apoyevmatini parastasi?* Έχει απογευματινή παράσταση;
Is there a cloakroom?	*ehi gardaroba?* Έχει γκαρνταρόμπα;
Where can I buy a programme	*apo poo boro nagoraso programa?* Από πού μπορώ ν' αγοράσω πρόγραμμα;
Is there access for wheelchairs?	*iparhi prosvasi yia anapirikes poliTHrones?* Υπάρχει πρόσβαση για αναπηρικές πολυθρόνες;

You may see:

ΤΑΜΕΙΟ *tamio*	Cashier
ΕΞΟΔΟΣ *exothos*	Exit
ΕΙΣΟΔΟΣ *isothos*	Entrance
ΑΠΑΓΟΡΕΥΕΤΑΙ ΤΟ ΚΑΠΝΙΣΜΑ *apagorerete to kapnisma*	No smoking
ΙΜΑΤΙΟΘΗΚΗ or ΓΚΑΡΝΤΑΡΟΜΠΑ *imatioTHiki or garndaromba*	Cloakroom
ΕΙΣΙΤΗΡΙΑ £. . . . (in Cyprus) or *isitiria £ . . .*	Tickets £. . . . (*pounds*)
ΕΙΣΙΤΗΡΙΑ . . . . ΔΡΧ (in Greece) *isitiria . . .*	Tickets . . . . drs (drachma)

ΤΟΥΑΛΕΤΕΣ *or* ΑΠΟΧΩΡΗΤΗΡΙΑ *toaletes or apohoritiria*	**Toilets**
ΑΝΔΡΩΝ *anthron*	**Men**
ΓΥΝΑΙΚΩΝ *yenekon*	**Women**

You may hear:

to isitirio sas, parakalo το εισιτήριό σας, παρακαλώ	**Your ticket, please**
programata προγράμματα	**Programmes**
pagota παγωτά	**Ice cream**
sokolates σοκολάτες	**Chocolates**
anapsiktika αναψυκτικά	**Soft drinks**

Other entertainments

You may see:

ΑΡΧΑΙΟΛΟΓΙΚΟ ΜΟΥΣΕΙΟ *arheoloyiko moosio*	**Archaeological Museum**
ΜΟΥΣΕΙΟ ΛΑΙΚΗΣ ΤΕΧΝΗΣ *moosio la-ikis tehnis*	**Museum of Folk Art**
ΑΡΧΑΙΑ *arhea*	**Ancient ruins**
ΘΕΑΤΡΟ *theatro*	**Theatre**
ΝΑΟΣ *naos*	**Church**

Is/are there . . . near here?	*iparhi/iparhoon . . . etho konda?* Υπάρχει/υπάρχουν . . . εδώ κοντά;
. . . in the town?	*. . . mesa stin poli* μέσα στην πόλη;
. . . a concert	*. . . mia sinavlia* μια συναυλία
. . . a disco	*. . . mia thiskoTHiki* μια δισκοθήκη
. . . a cabaret	*. . . ena kabare* ένα καμπαρέ
. . . a light and sound show	*. . . mia parastasi me iho ke fos* παράσταση με ήχο και φως
. . . a museum	*. . . ena moosio* ένα μουσείο
. . . a gallery	*. . . mia pinakoTHiki* μια πινακοθήκη
. . . a public garden	*. . . enan thimotiko kipo* έναν δημοτικό κήπο
. . . a zoo	*. . . ena zo-oloyiko kipo* ένα ζωολογικό κήπο

Sport

- Most sports facilities available in Greece are associated with the sea and water sports are what most visitors go to Greece for. There are, however, facilities for tennis at many hotels, but golf is limited to golf courses at Glyfada, the Porto Carras golf club in Macedonia and on the islands of Corfu and Rhodes.
- Cycling is no fun in the cities and, because of dense traffic, is not advisable. However, cycling can be enjoyable in certain areas where traffic is not so

heavy and in such places cycles are available for hire.

- For the enthusiast, Greece offers the opportunity for multi-day walking excursions and there are a few trails organised in association with the European Ramblers' Association. Further information can be obtained from the Hellenic Federation of Mountaineering Clubs, 7 Karayioryi Servias St, 105 63 Athens, Greece. In Cyprus, there is plenty of opportunity for the enthusiast to explore the Troodos mountains either with a guide or by following the trails marked out by KOT.

- If you are walking in the countryside you will almost certainly come across fire warning signs like this one: ΚΙΝΔΥΝΟΣ ΠΥΡΚΑΓΙΑΣ. Please heed these signs and be careful with anything that might start a fire.

Is/are there . . . near here?	*iparhi/iparhoon . . . etho konda?* Υπάρχει/υπάρχουν . . . εδώ κοντά;
. . . in the town	*. . . mesa stin poli* μέσα στην πόλη
Can you recommend . . . ?	*borite na moo sistisete . . . ?* Μπορείτε να μου συστήσετε . . . ;
. . . a football (soccer) match	*. . . kanena pothosferiko agona* κανένα ποδοσφαιρικό αγώνα
. . . a golf course	*. . . kanena yipetho too golf* κανένα γήπεδο του γκολφ

. . . tennis courts	. . . *kanena yipetho too tenis* κανένα γήπεδο του τένις
. . . a horse racing track	. . . *kanena ipothromo* κανένα ιππόδρομο
. . . motor racing	. . . *agones aftokinitoo* αγώνες αυτοκινήτου
. . . a sports complex	. . . *aTHlitiko kendro* αθλητικό κέντρο
. . . a swimming pool (*indoor*)	. . . *klisti pisina* κλειστή πισίνα
. . . a swimming pool (*outdoor*)	. . . *pisina* . . . πισίνα
. . . any walks	. . . *peripati* περίπατοι
I like . . .	*maresoon* . . . Μ' αρέσουν . . .
. . . discos	. . . *i thiskoTHikes* οι δισκοθήκες
. . . concerts	. . . *i sinavlies* οι συναυλίες
. . . winter sports	. . . *ta himerina spor* τα χειμερινά σπορ
What does it cost to go in?	*poso kostizi i isothos?* Πόσο κοστίζει η είσοδος;
What is the cost per hour/per day	*poso kostizi tin ora/tin imera?* Πόσο κοστίζει την ώρα/ την ημέρα;

Entertainment and sport

Is there tuition available?	*yinonte maTHimata?* Γίνονται μαθήματα;
Can I hire . . . ?	*boro na nikiaso . . . ?* Μπορώ να νοικιάσω . . . ;
. . . a bicycle	*. . . ena pothilato* . . . ένα ποδήλατο
. . . a tennis racquet	*. . . mia raketa too tenis* . . . μια ρακέτα του τένις
. . . all the equipment	*. . . olo ton exoplismo* . . . όλο τον εξοπλισμό
. . . skis	*. . . ski* σκι

Water Sports

Water sports are, naturally, very popular and plentiful by the sea. Most hotels have their own private beaches but there are also beaches managed and run by the National Tourist Organisation of Greece, EOT, in Greece and by the Cyprus Tourism Organisation, KOT, in Cyprus. These beaches usually have showers, restaurants and cafeterias and offer facilities for various water sports such as boating, canoeing, wind surfing, water skiing and parasailing. They are popular with the locals and can get very crowded at weekends and during August in particular.

Diving and fishing are also popular and fishing tackle can be obtained in most coastal areas. There are diving schools on the islands and at most coastal resorts.

Yachting offers the opportunity to relax away from the bustle of crowded resorts. You can explore the multitude of Greek islands, far from the usual tourist trail.

57

Can I hire . . . ?	*boro na nikiaso . . . ?* Μπορώ να νοικιάσω . . . ;
. . . a deck chair	. . . *mia sezlong* μια σεζλόνγκ
. . . an umbrella	. . . *mia ombrela* μια ομπρέλα
. . . a swimsuit	. . . *ena mayio* ένα μαγιό
. . . a towel	. . . *mia petseta* μια πετσέτα
. . . a cabin	. . . *mia kabina* μια καμπίνα
. . . fishing tackle	. . . *ithi psarematos* είδη ψαρέματος
. . . a motor boat	. . . *mia venzinakato* μια βενζινάκατο
. . . a rowing boat	. . . *mia varka* μια βάρκα
. . . a canoe	. . . *ena kano* ένα κανό
. . . a pedal boat	. . . *ena THalasio pothilato* ένα θαλάσσιο ποδήλατο
. . . a windsurfer (sailboard)	. . . *mia sanitha yia* *windsurfing* μια σανίδα για γουιντσέρφινγκ
. . . diving equipment	. . . *exoplismo katathisis* εξοπλισμό κατάδυσης
. . . a mask and snorkel	. . . *mia maska ke* *anapnefstiko solina* μια μάσκα και αναπνευστικό σωλήνα
. . . an oxygen cylinder	. . . *enan kilinthro oxigonoo* έναν κύλινδρο οξυγόνου

Entertainment and sport

Can I have instruction in . . . ?	*. . . boro na kano maTHimata . . . ?* Μπορώ να κάνω μαθήματα . . . ;
. . . windsurfing	*. . . windsurfing* γουιντσέρφινγκ
. . . canoeing	*. . . kano* κανό
. . . diving	*. . . katathiseos* καταδύσεως
. . . skiing	*. . . THalasioo ski* θαλασσίου σκι
Is it safe to swim?	*bori kanis na kolimbisi me asfalia?* Μπορεί κανείς να κολυμπήσει με ασφάλεια;
Is there a lifeguard?	*iparhi navagosostis?* Υπάρχει ναυαγοσώστης;
Does the beach have shingle or sand?	*ehi amo i halikia stin paralia?* Έχει άμμο ή χαλίκια στην παραλία;
When is high/low tide?	*pote ine plimiritha/amboti?* Πότε είναι πλημμυρίδα/ άμπωτη;
Is it safe for children?	*boroon ta pethia na kolimboon me asfalia?* Μπορούν τα παιδιά να κολυμπούν με ασφάλεια;

Visiting a town

Where is . . . ?	*poo ine . . . ?* Πού είναι . . . ;
. . . the tourist office	*. . . to grafio toorismoo* το γραφείο τουρισμού

59

. . . the castle	. . . *to kastro* το κάστρο
. . . the cathedral	. . . *o kaTHethrikos naos* ο καθεδρικός ναός
. . . the market	. . . *i agora* η αγορά
. . . the museum	. . . *to moosio* το μουσείο
. . . the palace	. . . *to palati* το παλάτι
. . . the shopping centre	. . . *ta katastimata* τα καταστήματα
Is it open on Sundays?	*ine anoikto tin kiriaki?* Είναι ανοικτό την Κυριακή;

HEALTH

If you are planning a trip to Greece ask your local DHSS for leaflet E111 which you can take on holiday with you. Cyprus has a reciprocal agreement with the UK regarding health services. Again, ask at your local DHSS office for further details.

It is nonetheless highly advisable to take out additional medical insurance if you are travelling to Greece or Cyprus and you should consider a policy which includes repatriation by air ambulance in the event of a serious accident. This is not usually very expensive.

The National Health systems in Greece and Cyprus operate alongside an extensive network of private healthcare: individual private practitioners and polyclinics which are consortia of private doctors of various specialities working together. You can go to the doctor of your choice without it being necessary to visit a general practitioner first.

- If you wish to claim on your insurance for medical treatment and medicines bought while on holiday, ask for receipts and keep them until your return.
- Many minor upsets that can mar a holiday can be avoided by taking sensible precautions. Make sure all fruit and salad vegetables are well washed. Greek cooking often involves large quantities of oil which can cause stomach upsets in those unaccustomed to it – sometimes compounded by an excess of alcohol!
- Remember that the sun in Greece can be very strong and adequate protection should be taken, especially for babies and young children.
- The water supply in most parts of Greece and Cyprus is quite safe to drink but is sometimes unpalatable due to the chemicals used in the purification process. Bottled water, both carbonated and still, is readily and cheaply available.

At the Doctor's

My . . . hurts	*me ponai . . . moo* Με πονάει . . . μου
. . . arm	*. . . to heri* το χέρι
. . . back	*. . . i mesi* η μέση
. . . chest	*. . . to stiTHos* το στήθος
. . . eyes	*. . . ta matia* τα μάτια
. . . head	*. . . to kefali* το κεφάλι
. . . leg	*. . . to pothi* το πόδι

Health

. . . stomach	. . . *to stomahi* το στομάχι
. . . tooth	. . . *to thondi* το δόντι

I have asthma	*eho asTHma* Έχω άσθμα
I am airsick	*zalizome sto aeroplano* Ζαλίζομαι στο αεροπλάνο
I am carsick	*zalizome sto aftokinito* Ζαλίζομαι στο αυτοκίνητο
I am seasick	*me zalizi i THalasa* Με ζαλίζει η θάλασσα
I have a cold	*eho krioloyima* Έχω κρυολόγημα
I am constipated	*eho thiskiliotita* Έχω δυσκοιλιότητα
I have diarrhoea	*eho thiaria* Έχω διάρροια
I have diabetes	*eho thiaviti* Έχω διαβήτη
I have flu	*eho gripi* Έχω γρίπη
I am allergic to antibiotics/ penicillin	*eho aleryia sta andiviotika/* *stin penikilini* Έχω αλλεργία στα αντιβιοτικά/στην πενικιλίνη
I have twisted my ankle	*eho stramboolixi ton* *astragalo moo* Έχω στραμπουλίξει τον αστράγαλό μου
I have dizzy spells	*eho zalathes* Έχω ζαλάδες
I have epilepsy	*eho epilipsia* Έχω επιληψία
I have a heart problem	*pas-ho apo tin karthia moo* Πάσχω από την καρδιά μου

Health

I have high blood pressure	*eho ipsili piesi* Έχω υψηλή πίεση
I feel shivery	*eho riyi* Έχω ρίγη
I have been stung by a bee/wasp	*me tsimbise melisa/sfika* Με τσίμπησε μέλισσα/σφήκα
I have period pains	*eho ponoos tis periothoo* Έχω πόνους της περιόδου
I feel sick	*eho naftia* Έχω ναυτία
I have a sore throat	*me ponai o lemos moo* Με πονάει ο λαιμός μου
I have a temperature	*eho pireto* Έχω πυρετό
I have sunstroke	*eho paTHi iliasi* Έχω πάθει ηλίαση
I have sunburn	*eho kai apo ton ilio* Έχω καεί από τον ήλιο
Can you give me a receipt?	*borite na moo thosete mia apothixi;* Μπορείτε να μου δώσετε μια απόδειξη;

You may see:

Surgeries usually display a sign with a red cross in Greece, and a green cross in Cyprus.

ΙΑΤΡΕΙΟ *iatrio*	**Surgery**
ΟΔΟΝΤΙΑΤΡΕΙΟ *othontiatrio*	**Dentist**
ΚΛΙΝΙΚΗ *kliniki*	**Clinic**
ΝΟΣΟΚΟΜΕΙΟ *nosokomio*	**Hospital**
ΚΑΡΔΙΟΛΟΓΟΣ *karthiologos*	**Heart specialist**

Health

ΟΠΤΙΚΑ *optika*	Optician
ΟΦΘΑΛΜΙΑΤΡΟΣ *ofTHalmiatros*	Eye specialist
ΔΕΡΜΑΤΟΛΟΓΟΣ *thermatologos*	Dermatologist

You may hear:

THa sas thoso . . . Θα σας δώσω	I will give you . . .
. . . *mia alifi* μια αλοιφή	. . . a cream
. . . *afto to farmako* αυτό το φάρμακο	. . . this medicine
. . . *afta ta hapia* αυτά τα χάπια	. . . these tablets
. . . *mia sindayi* μια συνταγή	. . . a prescription
THa sas kano mia enesi Θα σας κάνω μια ένεση	I will give you an injection
na minete sto krevati . . . meres Να μείνετε στο κρεβάτι . . . μέρες	Stay in bed for . . . days
na pate se . . . Να πάτε σε . . .	Go to a . . .
. . . *othondoyiatro* οδοντογιατρό	. . . dentist
. . . *optiko* οπτικό	. . . optician
. . . *thermatologo* δερματολόγο	. . . dermatologist
ti ehete? Τι έχετε;	What is wrong with you?
poo sas ponai? Πού σας πονάει;	Where does it hurt?

Health

I've been in pain . . .	*me ponai . . .* Με πονάει . . .
. . . for a week	*. . . etho ke mia vthomatha* εδώ και μια βδομάδα
. . . for several days	*. . . etho ke arketes meres* εδώ και αρκετές μέρες
. . . since yesterday	*. . . apo htes* από χτες
. . . since this morning	*. . . apto proi* απ' το πρωί
. . . for a few hours	*. . . etho ke merikes ores* εδώ και μερικές ώρες
I had the same problem . . .	*iha to ithio provlima* Είχα το ίδιο πρόβλημα . . .
. . . last year	*. . . perisi* πέρυσι
. . . a few years ago	*. . . prin liga hronia* . . . πριν λίγα χρόνια
. . . two months ago	*. . . prin thio mines* πριν δύο μήνες

At the dentist's

Is this the dentist's waiting room?	*afti ine i eTHoosa anamonis too othondoyiatroo?* Αυτή είναι η αίθουσα αναμονής του οδοντογιατρού;
Can I make an appointment with . . . please?	*boro na kliso randevoo me . . . parakalo?* Μπορώ να κλείσω ραντεβού με . . . παρακαλώ;
When is the surgery?	*pote thehete sto iatrio too?* Πότε δέχεται στο ιατρείο του;

Health

I have an awful toothache	*eho tromero ponothondo* Έχω τρομερό πονόδοντο
I have medical insurance	*eho iatriki asfalia* Έχω ιατρική ασφάλεια

You may hear:

ti ehete? Τι έχετε;	What is the matter?
o yiatros thehete to apoyevma Ο γιατρός δέχεται το απόγευμα	The doctor sees patients in the afternoon
sas ponai to thondi sas? Σας πονάει το δόντι σας;	Does your tooth hurt?
borite na rTHite tora? Μπορείτε να ρθείτε τώρα;	Can you come now?
tonoma sas? Τ' όνομά σας;	Your name?
pio thondi sas ponai? Ποιο δόντι σας πονάει;	Which tooth is hurting?
THa sas kano ena sfrayisma Θα σας κάνω ένα σφράγισμα	I will do a filling
prepi na vyi to thondi sas Πρέπει να βγει το δόντι σας	Your tooth must come out
THa sas kano mia enesi Θα σας κάνω μια ένεση	I will give you an injection

At the Pharmacy

Pharmacies in Cyprus usually display the sign of a green cross with a snake entwined around it. In Greece, the sign is the same as that of surgeries, a red cross.

Health

● Pharmacies have the same opening hours as other shops and operate on a rota basis outside them. The list can be found in local newspapers and is displayed on the door of every pharmacy.

You may see:

ΦΑΡΜΑΚΕΙΟ *farmakio*	**Pharmacy, Chemist's**
ΔΙΑΝΥΚΤΕΡΕΥΟΝΤΑ ΦΑΡΜΑΚΕΙΑ *thianiktereronta farmakia*	**Pharmacies open at night**

I would like . . .	*THa iTHela. . .* Θα ήθελα . . .
. . . an (antiseptic) cream	*. . . mia (andisiptiki) alifi* μια (αντισηπτική) αλοιφή
. . . some aspirin	*. . . merikes aspirines* μερικές ασπιρίνες
. . . a bandage	*. . . enan epithesmo* έναν επίδεσμο
. . . a lotion	*. . . mia losion* μια λοσιόν
. . . some medicine	*. . . ena farmako* ένα φάρμακο
. . . this prescription	*. . . afti ti sindayi* αυτή τη συνταγή
. . . these pills	*. . . afta ta hapia* αυτά τα χάπια
. . . sticking plaster	*. . . lefkoplasti* λευκοπλάστη

Health

Could you make up this prescription?	*borite na ektelesete afti ti sindayi?* Μπορείτε να εκτελέσετε αυτή τη συνταγή;
Do you have anything for . . . ?	*ehete kati yia . . . ?* 'Εχετε κάτι για . . .;
. . . diarrhoea/sunburn/ headache	*. . . ti thiaria/ta iliaka engavmata/ton ponokefalo* τη διάρροια/τα ηλιακά εγκαύματα/τον πονοκέφαλο
Do you have . . . ?	*ehete . . . ?* 'Εχετε . . .;
. . . insulin	*. . . insoolini* . . . ινσουλίνη
. . . insulin syringes	*. . . siringes insoolinis* σύριγγες ινσουλίνης

At the optician's

You may see:

ΟΠΤΙΚΑ or ΟΠΤΙΚΟΣ ΟΙΚΟΣ *optika or optikos ikos*	**Optician**
ΕΙΔΙΚΟ ΤΜΗΜΑ ΦΑΚΩΝ ΕΠΑΦΗΣ *ithiko tmima fakon epafis*	**Special contact lenses department**

I've broken my glasses	*espasa ta yialia moo* 'Εσπασα τα γυαλιά μου
Can you repair them?	*borite na ta ftiaxete?* Μπορείτε να τα φτιάξετε;
When will they be ready?	*pote THa ine etima?* Πότε θα είναι έτοιμα;
Can you change the lenses?	*borite na alaxete toos fakoos?* Μπορείτε να αλλάξετε τους φακούς;

I'd like a case for my glasses	*Tha iTHela mia THiki yia ta yialia moo* Θα ήθελα μια θήκη για τα γυαλιά μου
I've lost one of my contact lenses	*ehasa enan apo toos fakoos moo* 'Εχασα έναν από τους φακούς μου
Have you any . . . . . for contact lenses?	*ehete . . . yia fakoos epafis?* 'Εχετε . . . για φακούς επαφής;
. . . cleaning solution	. . . *kaTHaristiko thialima* καθαριστικό διάλυμα
. . . wetting solution	. . . *thiavrektiko thialima* διαβρεκτικό διάλυμα
. . . cleaning tablets	. . . *kaTHaristika thiskia* καθαριστικά δισκία
. . . cases	. . . *THiki yia fakoos epafis* θήκη για φακούς επαφής
I have hard/soft/gas permeable lenses	*eho skliroos/malakoos/ thiaperatoos apo ton aera fakoos* 'Εχω σκληρούς/μαλακούς/ διαπερατούς από τον αέρα ψακούς
I'm short-sighted/ long-sighted	*eho miopia/pesviopia* 'Εχω μυωπία/πρεσβυωπία
I need some sunglasses	*hriazome yialia too ilioo* Χρειάζομαι γυαλιά του ήλιου

TRAVEL

Information on all aspects of travel in Greece and Cyprus can be obtained from the National Tourist Organisation of Greece and the Cyprus Tourism Organisation respectively. Both these organisations have branches in London (see pages 19, 20) as well as in major towns in Greece and Cyprus.

Travel by Car

The AA and RAC are also able to supply information about travelling abroad. The main Greek organisation offering roadside help is ELPA. They patrol the national highways known as Εθνικοί οδοί (*eTHniki othi*) and can offer assistance on payment of a subscription.
See *Essential Information* for information about licences, car rental and other aspects of driving in Greece or Cyprus.

- There are some motorways in Greece and Cyprus and tolls are charged on some major routes in Greece. While major roads are generally of a good standard, village roads may be rough and potentially dangerous particularly in the mountainous regions. The foreign driver is well advised to take great care when travelling on such routes.
- Seat belts must be worn by passengers in the front seats and the breathalyser, known as αλκοτέστ (*alkotest*), has been in use in both countries for some time.
- In Cyprus, one drives on the same side of the road as in the UK. In Greece, one follows the continental system and drives on the right.

Car Rental

- If you have not booked a car through your travel agent before arriving, the sign to look for when in Greece is ΕΝΟΙΚΙΑΣΕΙΣ ΑΥΤΟΚΙΝΗΤΩΝ (*enikiasis aftokiniton*) – Car Rentals.

Where is the car rental agency?	*poo iparhi grafio enoikiaseos aftokiniton?* Πού υπάρχει γραφείο ενοικιάσεως αυτοκινήτων;
I'd like to hire a car	*THelo na nikiaso aftokinito* Θέλω να νοικιάσω αυτοκίνητο
for one person	*yia ena atomo* για ένα άτομο
for two/three people	*yia thio/tria atoma* για δύο/τρία άτομα
for a day/a week	*yia mia mera/evthomatha* για μια μέρα/εβδομάδα
What are your charges per day/week?	*pies ine i times sas yia mia imera/evthomatha?* Ποιες είναι οι τιμές σας για μια ημέρα/ εβδομάδα;

Travel

How much is the insurance/deposit?	*poso ine i asfalia/prokatavoli?* Πόσο είναι η ασφάλεια/ προκαταβολή;
Will you write it down, please?	*borite na to grapsete, parakalo?* Μπορείτε να το γράψετε, παρακαλώ;
What is the total cost?	*poso ine to sinoliko kostos;* Πόσο είναι το συνολικό κόστος;
Is it air-conditioned?	*ehi sistima klimatismoo?* Έχει σύστημα κλιματισμού;
Is there a radio?	*iparhi rathiofono?* Υπάρχει ραδιόφωνο;

Taking a taxi

Where can I find a taxi?	*poo boro na vro ena taxi?* Πού μπορώ να βρω ένα ταξί;
I want to go to . . .	*THelo na pao sto . . .* Θέλω να πάω στο. . .
. . . the airport	*. . . aerothromio* αεροδρόμιο
. . . the hotel	*. . . xenothohio* ξενοδοχείο
. . . the port	*. . . limani* λιμάνι
How much is it?	*poso kani?* Πόσο κάνει;
It's near here	*ine etho konda* Είναι εδώ κοντά
Could you. . . ?	*borite na . . . ?* Μπορείτε να . . . ;

. . . **carry my bags**	. . . *metaferete tis valitses moo?* μεταφέρετε τις βαλίτσες μου;
. . . **slow down**	. . . *miosete tahitita* μειώσετε ταχύτητα
. . . **stop here**	. . . *stamatisete etho* σταματήσετε εδώ
. . . **wait for me**	. . . *me perimenete* με περιμένετε

At a filling station

The sign to look for is ΠΡΑΤΗΡΙΟ ΒΕΝΖΙΝΗΣ – Petrol Station.

Buying fuel

- Απλή is 2 star petrol.
- Σούπερ is 4 star petrol.
- Unleaded petrol is αμόλυβδη.
- Diesel is πετρέλαιο or ντίζελ.
- Take care not to confuse the Greek word πετρέλαιο meaning 'diesel' with the English word *petrol*.
- Many garages shut on Sunday and holidays so it is worthwhile making sure you have a full tank on Saturday.
- Credit cards are not accepted by many filling stations, so make sure you have local currency available.
- Very few filling stations are self-service and attendants expect a small tip.
- Unleaded petrol is not widely available at the time of writing although it is hoped that new measures currently being introduced in Greece will alter this situation in the near future. New legislation is seeking to ban the use of cars without a catalytic converter in Green Zones, particularly in Athens.

Where's the nearest petrol station?	*poo ine to plisiestero pratirio venzinis?* Πού είναι το πλησιέστερο πρατήριο βενζίνης;
Do you accept credit cards?	*theheste pistotikes kartes?* Δέχεστε πιστωτικές κάρτες;
Fill it up, please	*na to yemisete parakalo* Να το γεμίσετε, παρακαλώ
Give me . . . litres of 2 star/4 star, please	*na moo thosete . . . litra aplis/sooper, parakalo* Να μου δώσετε . . . λίτρα απλής/σούπερ, παρακαλώ
Give me . . . drachmas/ pounds worth of 2 star/4 star, please	*na moo thosete . . . thrahmes/ lires apli/sooper, parakalo* Να μου δώσετε . . . δραχμές/λίρες απλή/ σούπερ, παρακαλώ
How much is it a litre?	*poso kani to litro?* Πόσο κάνει το λίτρο;
Give me the 4 star/ unleaded, please	*na moo thosete super/ amolivthi, parakalo* Να μου δώσετε σούπερ/ αμόλυβδη, παρακαλώ
Can you check the oil too?	*borite na kitaxete ke to lathi?* Μπορείτε να κοιτάξετε και το λάδι;
Do you have a road map?	*ehete enan othiko harti?* Έχετε έναν οδικό χάρτη;
How much do I owe you?	*posa sas hrosto?* Πόσα σας χρωστώ;
Can you check. . . ?	*borite na elegxete . . . ?* Μπορείτε να ελέγξετε . . . ;
. . . the brakes	*. . . ta frena* τα φρένα
. . . the oil	*. . . to lathi* το λάδι

75

. . . the tyres
. . . *ta lastiha*
τα λάστιχα

. . . the spare wheel
. . . *ti rezerva*
τη ρεζέρβα

. . . the water
. . . *to nero*
το νερό

. . . the tyre pressure
. . . *ton aera sta lastiha*
τον αέρα στα λάστιχα

You may see:

ΤΑΜΕΙΟ
tamio
Cash desk

ΑΕΡΑΣ
aeras
Air

ΒΕΝΖΙΝΗ
venzini
Petrol

ΑΠΛΗ
apli
2 star

ΣΟΥΠΕΡ
Super
4 star

ΑΜΟΛΥΒΔΗ
amolivthi
Unleaded

ΠΕΤΡΕΛΑΙΟ or
ΝΤΙΖΕΛ
petreleo or diesel
Diesel

ΣΕΡΒΙΣ
Service
Car service

You may hear:

prohoriste isia
Προχωρήστε ίσια
Go straight on

ine ekato metra
Είναι εκατό μέτρα
It's 100 metres

ine makria
Είναι μακριά
It's a long way

Repairs

ELPA (ΕΛΠΑ), the Automobile and Touring Club of Greece, is the main body offering roadside assistance in emergencies in Greece. In Cyprus, a similar service is offered by Cyprus AA.
If you are in need of repairs, the best idea is to find the nearest dealer for the make of car you are driving. Ask for συνεργείο αυτοκινήτων (*sineryio aftokiniton*) – *a garage* followed by the make of your car.

What's the matter?	*ti ehete paTHi?* Τι έχετε πάθει;
My car has broken down	*to aftokinito moo epaTHe vlavi* Το αυτοκίνητό μου έπαθε βλάβη
Where is the nearest service station for Rovers/Fords?	*poo ine to plisiestero sineryio tis Rover/Ford?* Πού είναι το πλησιέστερο συνεργείο της Rover/Ford;
The car is near . . .	*to aftokinito ine konda . . .* Το αυτοκίνητο είναι κοντά . . .
. . . Salonika/Ioannina/ Athens	*. . . sti/THesaloniki/ ta ioanina/tin aTHina* στη Θεσσαλονίκη/τα Ιωάννινα/την Αθήνα
. . . Larnaca/Nicosia/	*. . . ti larnaka/ti lefkosia/tin pafo* τη Λάρνακα/τη Λευκωσία/την Πάφο
I've run out of petrol (gas)	*moo teliose i venzini* Μου τέλειωσε η βενζίνη
I've got a puncture (flat)	*mepiase lastiho* Μ' έπιασε λάστιχο

Travel

I was hit by . . .	*me htipise . . .* Με χτύπησε . . .
I bumped into. . .	*htipisa . . .* Χτύπησα . . .

. . . the car	. . . *to aftokinito* το αυτοκίνητο
. . . the lorry	. . . *to fortigo* το φορτηγό
. . . the motor-bike	. . . *ti motosikleta* τη μοτοσικλέτα
. . . the bicycle	. . . *to pothilato* το ποδήλατο
. . . the pedestrian (man/woman)	. . . *ton pezo/tin pezi* τον πεζό/την πεζή

Can you repair . . . ?	*borite na episkevasete* Μπορείτε να επισκευάσετε . . . ;

. . . the battery	. . . *tin bataria* την μπαταρία
. . . the brakes	. . . *ta frena* τα φρένα
. . . the door	. . . *tin porta* την πόρτα
. . . the exhaust	. . . *tin exatmisi* την εξάτμιση
. . . the fan belt	. . . *to loori too anemistira* το λουρί του ανεμιστήρα
. . . the headlights	. . . *toos provolis* τους προβολείς
. . . the indicator	. . . *to flas* το φλας
. . . the radiator	. . . *to psiyio* το ψυγείο
. . . the seat belt	. . . *ti zoni asfalias* τη ζώνη ασφαλείας

Travel

. . . the spare wheel	. . . *ti rezerva* τη ρεζέρβα
. . . the steering wheel	. . . *to timoni* το τιμόνι
. . . the engine	. . . *ton kinitira* τον κινητήρα
. . . the window	. . . *to paraTHiro* το παράθυρο
. . . the windscreen (windshield)	. . . *to parbriz* το παρμπρίζ
. . . the windscreen wiper	. . . *ton kaTHaristira too* *parbriz* τον καθαριστήρα του παρμπρίζ

A road accident

Look out!	*prosexte!* Προσέξτε!
Help!	*voiTHia!* Βοήθεια!
Fire!	*fotia!* Φωτιά!
Thieves!	*kleftes!* Κλέφτες!
Call the police	*fonaxte tin astinomia* Φωνάξτε την αστυνομία
I'll call an ambulance	*THa fonaxo ena* *asTHenoforo* Θα φωνάξω ένα ασθενοφόρο
Where can I find a phone booth?	*poo boro na vro enan* *tilefoniko THalamo?* Πού μπορώ να βρω έναν τηλεφωνικό θάλαμο;
Are you better?	*iste kalitera?* Είστε καλύτερα;

Is somebody going to make a report?

THa grapsi kanis anafora?
Θα γράψει κανείς
αναφορά;

I'll give you my name and address

THa sas thoso tonoma ke ti thiefTHinsi moo
Θα σας δώσω τ' όνομα και
τη διεύθυνσή μου

I had priority

iha protereotita
Είχα προτεραιότητα

Is anybody injured?

travmatistike kanis?
Τραυματίστηκε κανείς;

You may hear:

THa plirosete prostimo
Θα πληρώσετε πρόστιμο

You will have to pay a fine

taxithevate me tahitita megaliteri apo tin epitrepomeni
Ταξιδεύατε με
ταχύτητα μεγαλύτερη
από την επιτρεπόμενη

You have exceeded the speed limit

ton ariTHmo kikloforias, parakalo
Τον αριθμό κυκλοφορίας,
παρακαλώ

Registration number, please

tin athia sas, parakalo
Την άδειά σας,
παρακαλώ

Your driving licence, please

tin asfalia sas, parakalo
Την ασφάλειά σας,
παρακαλώ

The insurance certificate, please

ehete taftotita/thiavatirio?
Έχετε ταυτότητα/
διαβατήριο;

Do you have an identity card/passport?

to fos itan kokino
Το φως ήταν κόκκινο

The light was red

Travel

Useful vocabulary

(snow) chains	*alisithes hinioo* αλυσίδες χιονιού
fine	*to prostimo* το πρόστιμο
passengers	*i epivates* οι επιβάτες
on the back seat	*sto piso kaTHisma* στο πίσω κάθισμα
traffic lights	*ta fota tis troheas* τα φώτα της τροχαίας
dipped headlights	*ta hamila fota* τα χαμηλά φώτα
green light	*to prasino fos* το πράσινο φως
red light	*to kokino fos* το κόκκινο φως
rear lights	*ta piso fota* τα πίσω φώτα
side lights	*ta fota porias* τα φώτα πορείας
hazard lights	*ta fota kinthinoo* τα φώτα κινδύνου
warning sign	*i proithopiitiki pinakitha* η προειδοποιητική πινακίδα
brake (*vb*)	*frenaro* φρενάρω
cross (*vb*)	*perno apenanti* περνώ απέναντι
collide with	*singrooome* συγκρούομαι
have priority	*eho protereotita* έχω προτεραιότητα
switch on (lights)	*anavo ta fota* ανάβω τα φώτα

Travel

switch off (lights)	*svino ta fota* σβήνω τα φώτα
to hurt	*travmatizo* τραυματίζω
to knock down	*htipo* χτυπώ
to overtake	*prosperno* προσπερνώ
to stop	*stamato* σταματώ
I was careful (man/woman)	*imoon prosektikos/prosektiki* ήμουν προσεκτικός/ προσεκτική
I was careless (man/woman)	*imoon aprosektos/aprosekti* ήμουν απρόσεκτος/ απρόσεκτη
He/she was careless	*itan aprosektos/aprosekti* ήταν απρόσεκτος/ απρόσεκτη
I've phoned	*tilefonisa* τηλεφώνησα
I'm cold	*kriono* κρυώνω
I'm hungry	*pinao* πεινάω
I'm thirsty	*thipso* διψώ
Are you hurt?	*ehis travmatisti?* Έχεις τραυματιστεί;
Be careful!	*prosexe!* Πρόσεξε!
I didn't know that. . .	*then ixera oti . . .* Δεν ήξερα ότι . . .
you/he/she/we must	*prepi* Πρέπει
you/he/she/we must not	*then prepi* Δεν πρέπει

Travel by bus, trolley-bus or taxi

- An extensive network of bus services covers all parts of Greece. Timetables are liable to vary and should be checked locally. It is advisable to turn up in good time to ensure getting a seat. Fares are modest. In Greece, bus services within towns have a flat fare and you need to buy your ticket beforehand from a kiosk or bus station.

- Tour buses operating excursions lasting from $\frac{1}{2}$ to 5 days offer an efficient means of visiting archaeological sites. Such tours are usually accompanied by a guide. They can often be booked through hotels or major travel agents.

- In Cyprus the major towns are connected by (shared) service taxis and are the most convenient way to travel. They offer door-to-door service at a very reasonable cost and run every half hour until 5 pm; they do not run on Sundays. The taxis can be booked by ringing one of the several operators about an hour before you wish to travel. The service taxi, known as ταξί της γραμμής – literally *line taxis*, will then pick you up at any point you choose within the town boundaries. There are also regular bus services in the towns themselves and between towns but these are not as convenient.

- Within the city of Athens, trolley buses offer a relatively comfortable and efficient means of getting about. There is a flat fare but you need to buy a ticket beforehand and then put it through a machine on boarding. Tickets can be bought from kiosks or underground stations. The services are frequent during the day but less so in the evenings and they cease altogether after midnight.

- Taxis in Athens are inexpensive but do not offer a 'personal' service as such. Taxis may stop en route and take on other passengers. When waving down a taxi, be ready to shout out your destination. If the driver is going your way he will stop, otherwise you'll have to wait for another taxi. There is a 'Green Zone' in operation in Athens known as ο δακτύλιος (*o thaktilios*) – the ring – and both cars

83

and taxis can enter it only on alternate days according to their number plates. So, if your destination lies within the Green Zone, you may need sharp eyes to judge whether a particular taxi will be allowed inside this central area of Athens before waving it down. On or beside the TAXI sign on the roof of the taxi you will see either the letter Z, which stands for even numbers, or the letter M for odd numbers. If the date is an even number, a Z taxi can travel into the restricted area; on odd numbered days, M taxis can do so.

You may see:

ΣΤΑΣΙΣ ΛΕΩΦΟΡΕΙΟΥ
stasis leoforioo

Bus Stop

ΣΤΑΣΙΣ ΗΛΠΑΠ
stasis ilpap

Trolley Bus Stop

ΤΑΞΙ
taxi

TAXI

Is there a special price?	*iparhi ithiki timi . . . ?* Υπάρχει ειδική τιμή . . . ;
. . . today	. . . *simera* σήμερα
. . . for children	. . . *yia pethia* για παιδιά
. . . for students	. . . *yia fitites* για φοιτητές
. . . for senior citizens	. . . *yia sindaxioohoos* για συνταξιούχους
A ticket for . . . , please	*ena isitirio yia . . . , parakalo* Ένα εισιτήριο για . . . , παρακαλώ

Travel

I'd like a leaflet about excursions, please	*THa iTHela ena enimerotiko filathio yia ekthromes parakalo* Θα ήθελα ένα ενημερωτικό φυλλάδιο για εκδρομές, παρακαλώ
Is there a bus for Athens tomorrow?	*iparhi leoforio yia tin aTHina avrio?* Υπάρχει λεωφορείο για την Αθήνα αύριο;
What time does the bus leave?	*ti ora feiyi to leoforio?* Τι ώρα φεύγει το λεωφορείο;
What time does the bus arrive?	*ti ora ftani to leoforio?* Τι ώρα φτάνει το λεωφορείο;
How long does it take?	*posi ora kani?* Πόση ώρα κάνει;
Is this seat free?	*ine elefTHero afto to kaTHisma?* Είναι ελεύθερο αυτό το κάθισμα;
I'm sorry/excuse me	*me sighorite* Με συγχωρείτε
I'd like two tickets	*THa iTHela thio isitiria* Θα ήθελα δύο εισιτήρια
a single (one-way)	*ena aplo* ένα απλό
a return (roundtrip)	*ena me epistrofi* ένα με επιστροφή
How much is it?	*poso kani?* Πόσο κάνει;
Where do we get on the bus?	*Apo poo pernoome to leoforio?* Από πού παίρνουμε το λεωφορείο;
Is the bus station near here?	*ine a staTHmos ton leoforion etho konda?* Είναι ο σταθμός των λεωφορείων εδώ κοντά;

How often is there a bus?	*poso sihna ehi leoforio?* Πόσο συχνά έχει λεωφορείο;
Where's the bus stop?	*poo ine i stasi too leoforioo?* Πού είναι η στάση του λεωφορείου;
From which bus stop does the bus for Herakleion leave?	*apo pia stasi fevyi to leoforio yia to iraklio?* Από ποια στάση φεύγει το λεωφορείο για το Ηράκλειο;

Travel by air

- The Greek national carrier is Olympic Airways, Ολυμπιακές Αερογραμμές, which operates both domestic and international routes. Their London office is: 1st Floor, Trafalgar House, 2 Chalkhill Road, London W6 8SB. Tel: 081 846 9080.
- Cyprus Airways, Κυπριακές Αερογραμμές, operate services connecting London and Manchester to Paphos and Larnaca. Their London Office is at 29-31 Hampstead Road, London NW1. Tel: 071 388 5411. Distances within Cyprus are too short to warrant domestic air travel.
- Most large towns as well as the larger islands, Cyprus included, have air connections with Athens; there are also some inter-island services. Fares are generally good value though services can be heavily booked in summer.
- Overbooking does occur and it is advisable to arrive at the check-in in good time particularly at peak periods for both external and internal flights.

You may see:

ΑΝΑΧΩΡΗΣΕΙΣ *anahorisis*	**Departures**
ΑΦΙΞΕΙΣ *afixis*	**Arrivals**

ΠΤΗΣΕΙΣ ΕΞΩΤΕΡΙΚΟΥ *ptisis exoterik**oo***	**International flights**
ΠΤΗΣΕΙΣ ΕΣΩΤΕΡΙΚΟΥ *ptisis esoterik**oo***	**Internal flights**
ΕΛΕΓΧΟΣ ΕΠΙΒΑΤΩΝ ΚΑΙ ΑΠΟΣΚΕΥΩΝ *eleghos epiv**a**ton ke aposker**on***	**Check in**
ΕΛΕΓΧΟΣ ΔΙΑΒΑΤΗΡΙΩΝ	**Passport control**
ΑΙΘΟΥΣΑ ΑΝΑΧΩΡΗΣΕΩΝ	**Departure lounge**
ΚΑΤΑΣΤΗΜΑΤΑ ΑΦΟΡΟΛΟΓΗΤΩΝ ΕΙΔΩΝ	**Duty free shops**
ΕΞΟΔΟΣ . . .	**Gate (exit) . . .**

What flight is going to Rhodes?	*pia ptisi piyeni sti rotho?* Ποια πτήση πηγαίνει στη Ρόδο;
What time is the next flight to London?	*ti ora ine i epomeni ptisi yia to lonthino?* Τι ώρα είναι η επόμενη πτήση για το Λονδίνο;
(Where) do I have to change planes?	*(poo) prepi nalaxo aeroplano;* (Πού) πρέπει ν' αλλάξω αεροπλάνο;
From which terminal?	*apo pio terminal?* Από ποιο τέρμιναλ;
Where is the departure lounge?	*poo ine i e**TH**oosa anahoriseon?* Πού είναι η αίθουσα αναχωρήσεων;
What is the departure time?	*ti ora ine i anahorisi?* Τι ώρα είναι η αναχώρηση;

Where is the duty-free shop?	*poo ine to katastima aforoloyiton?* Πού είναι το κατάστημα αφορολόγητων;
Is the flight delayed?	*ehi kaTHisterisi i ptisi?* Έχει καθυστερήσει η πτήση;
What time do I have to check in?	*ti ora prepi na ftaso ston elegho aposkevon;* Τι ώρα πρέπει να φτάσω στον έλεγχο αποσκευών;
I'd like a seat . . .	*THa iTHela mia THesi . . .* Θα ήθελα μια θέση . . .
. . . by the window	*. . . konda sto paraTHiro* κοντά στο παράθυρο
. . . in the aisle	*. . . sto thiathromo* στο διάδρομο
. . . at the back	*. . . piso* πίσω
. . . in front	*. . . brosta* μπροστά

Travel by ferry

- Ferry boats are the traditional link between the Greek islands. All the major islands are connected to Piraeus (the port of Athens) by car ferries. Cabins can be booked on the longer routes. For those on a small budget it is possible to travel on deck at a very low cost.
- Schedules are subject to variation: up to date information can be sought from the National Tourist Organisation of Greece, *EOT*, or at harbours in Greece. Weather conditions can sometimes result in delays. It is worth bearing this in mind when planning your itinerary.
- Hydrofoils (ιπτάμενα δελφίνια – *flying dolphins*) operate between Piraeus and the islands closest to the mainland. They do not take cars.

Travel

It is possible to arrange short cruises to Egypt and the Holy Land on ferries operating from Cyprus and to Turkey on ferries operating from some of the Greek islands. There may be certain restrictions on the latter imposed by the Greek Authorities and it is worth checking before taking such a trip. These can sometimes be arranged in the UK or alternatively can be booked through a local travel agent.

Is this the ferry to . . . ?	*afto ine to feribot yia . . . ?* Αυτό είναι το φέριμποτ για . . . ;
How long is the voyage to . . . ?	*poso thiarki to taxithi yia . . . ?* Πόσο διαρκεί το ταξίδι για . . . ;
A . . . ticket	*ena isitirio . . .* 'Ενα εισιτήριο . . .
. . . first class	*. . . proti THesi* πρώτη θέση
. . . second class	*. . . defteri THesi* δεύτερη θέση
. . . tourist class	*. . . tooristiki THesi* τουριστική θέση
. . . deck	*. . . katastroma* κατάστρωμα
Is there a hydrofoil service to . . . ?	*iparhi iptameno thelfini yia . . . ?* Υπάρχει ιπτάμενο δελφίνι για . . . ;
When is the next ferry to . . . ?	*pote ine to epomeno feribot yia . . . ?* Πότε είναι το επόμενο φέριμποτ για . . . ;

Do you have a two/four berth cabin?	*ehete mia kabina me thio/ teseris kooketes?* Έχετε μια καμπίνα με δύο/τέσσερις κουκέτες;
Is there a restaurant on the ship?	*iparhi estiatorio sto plio?* Υπάρχει εστιατόριο στο πλοίο;
Where does the ferry to . . . sail from?	*apo poo fevyi to feribot yia . . . ?* Από πού φεύγει το φέριμποτ για . . . ;
Is the boat to . . . departing on time?	*THa anahorisi to plio yia . . . akrivos stin ora too?* Θα αναχωρήσει το πλοίο για . . . . ακριβώς στην ώρα του;
How long is the delay?	*posi kaTHisterisi ehi?* Πόση καθυστέρηση έχει;

SHOPPING

Traditionally in summer shops open at 8.30 am,
have an extended lunch break, and reopen at
4.30 or 5.00 pm until late in the evening.
However, in recent years, the Greek government
has tried to eliminate this practice, bringing
shop opening hours into line with those in
Northern Europe. The result is that big stores
may remain open throughout the day but small
ones still observe the long lunchtime break.
Shops close on Saturday afternoons and on
Sundays. In addition they close on Monday and
Wednesday afternoons in Greece, and
Wednesday afternoons in Cyprus.
While shopping in particular, in Greece and
Cyprus you may find that English politeness is
regarded as rather excessive. Standard English
phrases such as 'Can I help you?', 'May I have a

. . . ?', 'Could you tell me where to find . . . ?'
sound stilted in Greek, where directness of
expression is not considered to be rude. A shop
assistant may simply approach you with, 'Yes,
please' and when ordering, 'A . . . , please' will
suffice.

- Kiosks, περίπτερα (*periptera*) are common in
  most towns. As well as newspapers and
  magazines they also sell a range of small items
  including sweets, cigarettes, stamps, batteries
  and iced bottled drinks. They are usually open
  from early in the morning until late at night.
- It is possible to buy genuine antiquities in
  Greece but it is essential to have a permit in
  order to export them. A bona fide dealer will be
  able to assist in obtaining this. However for
  those on a smaller budget, replicas, some of
  which are of excellent quality, are available.
- Local products include textiles and rugs,
  lacework, copperware, ceramics and jewellery.
- Credit cards are accepted by the more upmarket
  shops but are not as widely used as in Britain.
- Greeks tend to buy fresh fruit and vegetables
  from open markets which are to be found in
  every town. Fish is often purchased from a fish
  market.
- Generally shopkeepers are honest but confusion
  can occur when using an unfamiliar currency. In
  particular be careful not to confuse 500 and
  5,000 drachma notes.
- When in Cyprus remember that the Cyprus
  pound is not equivalent in value to the pound
  Sterling.

I'd like . . .	*THa iTHela . . .* Θα ήθελα . . .
I'm just looking	*aplos kitazo* Απλώς κοιτάζω
Can you show me . . . ?	*borite na moo thixete . . . ?* Μπορείτε να μου δείξετε . . . ;

Shopping

Where must I pay?	*poo prepi na pliroso?* Πού πρέπει να πληρώσω;
Please write it down	*grapste to parakalo* Γράψτε το παρακαλώ
I don't want to spend more than . . . drachmas/pounds	*the THelo na xothepso perisotero apo . . . thrahmes/lires* Δε θέλω να ξοδέψω περισσότερο από . . . δραχμές/λίρες
Can I order it?	*boro na to parangilo?* Μπορώ να το παραγγείλω;
Do you take credit cards?	*pernete pistotikes kartes?* Παίρνετε πιστωτικές κάρτες;
Can I pay by traveller's cheque?	*boro na pliroso me traveller's cheques?* Μπορώ να πληρώσω με traveller's cheque;
Do I have to pay VAT?	*prepi na pliroso Fi Pi A?* Πρέπει να πληρώσω ΦΠΑ;
Where is . . . ?	*poo ine?* Πού είναι . . . ;
. . . the baker's	*. . . to artopolio* το αρτοπωλείο
. . . the bookshop	*. . . to vivliopolio* το βιβλιοπωλείο
. . . the butcher's	*. . . to kreopolio* το κρεοπωλείο
. . . the chemist's	*. . . to farmakio* το φαρμακείο
. . . the coffee shop	*. . . to kafenio* το καφενείο
. . . the dairy	*. . . to galaktopolio* το γαλακτοπωλείο
. . . the fishmonger's	*. . . to ihTHiopolio* το ιχθυοπωλείο

. . . the greengrocer's
. . . *to oporopolio*
το οπωροπωλείο

. . . the grocer's
. . . *to pandopolio*
το παντοπωλείο

. . . the take away grill
. . . *i psistaria*
η ψησταριά

. . . the kiosk
. . . *to periptero*
το περίπτερο

. . . the market
. . . *i agora*
η αγορά

. . . the pâtisserie
. . . *to zaharoplastio*
το ζαχαροπλαστείο

. . . the post office
. . . *to tahithromio*
το ταχυδρομείο

. . . the shops
. . . *ta magazia*
τα μαγαζιά

. . . stationer's
. . . *to hartopolio*
το χαρτοπωλείο

. . . the supermarket
. . . *to supermarket*
το σούπερ μάρκετ

. . . tobacconist's
. . . *to kapnopolio*
το καπνοπωλείο

Have you . . ., please?
ehete . . ., parakalo?
Έχετε . . ., παρακαλώ

How much is it?
poso kani?
Πόσο κάνει;

It's too expensive
ine poli akrivo
Είναι πολύ ακριβό

Haven't you any cheaper?
then ehete ftinotero?
Δεν έχετε φτηνότερο;

I'll take it
THa to paro
Θα το πάρω

I'll have this one
THa to paro afto
Θα το πάρω αυτό

I prefer this one
protimo afto etho
Προτιμώ αυτό εδώ

Shopping

English	Greek
Are you open every day?	iste anihti kaTHe mera? Είστε ανοιχτοί κάθε μέρα;
What time do you close?	ti ora klinete? Τι ώρα κλείνετε;
Nothing else, thank you	tipotalo, efharisto Τίποτ' άλλο, ευχαριστώ
How much do I owe you?	poso sas hrosto? Πόσο σας χρωστώ;
Here's a 5 000 drachma/ ten pound note	ena hartonomisma ton pende hiliathon thrahmon/ theka liron 'Ενα χαρτονόμισμα των πέντε χιλιάδων δραχμών/δέκα λιρών
Excuse me, the change is not right	me sighorite, ta resta then ine sosta Με συγχωρείτε, τα ρέστα δεν είναι σωστά
I owe you . . .	sas hrosto . . . Σας χρωστώ. . .
I gave you . . .	sas ethosa . . . Σας έδωσα . . .
You have to give me 200 drachmas/two pounds change	prepi na moo thosete thiakosies thrahmes/thio lires resta Πρέπει να μου δώσετε διακόσιες δραχμές/ δύο λίρες ρέστα
You gave me only 100 drachmas/one pound change	moo thosate mono ekato thrahmes/mia lira resta Μου δώσατε μόνο εκατό δραχμές/μια λίρα ρέστα

You may hear:

parakalo Παρακαλώ *or* *malista* Μάλιστα;	Yes, please? *(Can I help you?)*
tipotalo? Τίποτ' άλλο;	Anything else?
pio THelete? Ποιο θέλετε;	Which one do you want?
triakosies thrahmes /tris lires resta Τριακόσιες δραχμές/τρεις λίρες ρέστα	300 hundred drachmas/ 3 pounds change
na plirosete sto tamio, parakalo Να πληρώσετε στο ταμείο, παρακαλώ	Pay at the cash desk, please
THa parete ta pragmata sas apo to tamio Θα πάρετε τα πράγματά σας από το	You will collect your goods from the cash desk

Buying clothes

Have you . . . ?	*ehete . . . ?* 'Εχετε . . . ;
. . . bathing-suits/ swimming trunks	. . . *yinekia/anthrika mayio* γυναικεία/ανδρικά μαγιό
. . . blouses	. . . *bloozes* μπλούζες
. . . bras	. . . *sootien* σουτιέν
. . . caps	. . . *skoofoos* σκούφους
. . . dresses	. . . *foremata* φορέματα
. . . handbags	. . . *tsandes* τσάντες
. . . hats	. . . *kapela* καπέλα
. . . jeans	. . . *pandelonia tzin* παντελόνια τζην
. . . pullovers	. . . *pullover* πουλόβερ
. . . pyjamas	. . . *pitzames* πιτζάμες
. . . raincoats	. . . *athiavroha* αδιάβροχα
. . . shoes	. . . *papootsia* παπούτσια
. . . socks	. . . *kaltses* κάλτσες
. . . tights	. . . *kaltson* καλτσόν
. . . T-shirts	. . . *bloozakia* μπλουζάκια

Shopping

. . . some trousers (pants)	. . . *pandelonia* παντελόνια
. . . some underwear	. . . *esorooha* εσώρουχα

Size

What size do you wear?	*ti meyeTHos forate?* Τι μέγεθος φοράτε;
I take size 38 (12)	*foro meyeTHos trianda okto* Φορώ μέγεθος τριάντα οκτώ

Men's Suits and overcoats

British	36	38	40	42	44	46	48	50
American	36	38	40	42	44	46	48	50
Continental	46	48	50/52	54	56	58/60	62	64

Men's Shirts

British	14	14½	15	15½	16	16½	17	17½
American	14	14½	15	15½	16	16½	17	17½
Continental	35	36/37	38	39/40	41	42/43	44	45

Men's shoes

British	7	7½	8	8½	9	9½	10	10½	11
American	7½	8	8½	9	9½	10	10½	11	11½
Continental	41		42		43		44		45

Women's dresses and suits

British	8	10	12	14	16	18	20	22
American	–	8	10	12	14	16	18	20
Continental	–	36	38	40	42	44	46	48

Women's shoes

British	4	4½	5	5½	6	6½	7	7½
American	5½	6	6½	7	7½	8	8½	9
Continental	36	37	38	38	39	40	41	41

Shopping

I'd like a . . . dress	*THa iTHela ena . . . forema* Θα ήθελα ένα . . . φόρεμα
. . . cotton	*. . . vamvakero* βαμβακερό
. . . nylon	*. . . nylon* νάιλον
. . . silk	*. . . metaxoto* μεταξωτό
. . . woollen	*. . . malino* μάλλινο
. . . leather	*. . . thermatino* δερμάτινο
. . . linen	*. . . lino* λινό

You may hear:

malista Μάλιστα; *or* *parakalo* Παρακαλώ;	Yes, please?
ti hroma? Τι χρώμα;	What colour?
ti meyeTHos? Τι μέγεθος;	What size?
afto kostizi pende xiliathes *thrahmes/peninda lires* Αυτό κοστίζει πέντε χιλιάδες δραχμές/ πενήντα λίρες	This one costs five thousand drachmas/fifty pounds
tipotalo? Τίποτ' άλλο;	Anything else?

Buying food and drink

- For other items of food and drink, see *Eating Out* section.

At the grocer's   ΠΑΝΤΟΠΩΛΕΙΟΝ

a pot of yoghurt	*ena kesethaki yiaoorti* ένα κεσεδάκι γιαούρτι
a litre/kilo of milk	*ena litro/kilo gala* ένα λίτρο/κιλό γάλα
half a kilo of butter	*miso kilo vootiro* μισό κιλό βούτυρο
a can of beer	*ena kooti bira* ένα κουτί μπίρα
a packet of biscuits	*ena paketo biskota* ένα πακέτο μπισκότα
a jar of jam	*ena vazo marmelatha* ένα βάζο μαρμελάδα
four chocolates	*teseris sokolates* τέσσερις σοκολάτες
a dozen eggs	*mia doozina avga* μια ντουζίνα αβγά
200 grammes of cheese	*thiakosia gramaria tiri* διακόσια γραμμάρια τυρί

At the baker's   ΑΡΤΟΠΩΛΕΙΟΝ

a loaf of bread	*mia frantzola psomi* μαι φραντζόλα ψωμί
four rolls	*tesera psomakia* τέσσερα ψωμάκια
white bread	*aspro psomi* άσπρο ψωμί
wholemeal bread	*mavro psomi* μαύρο ψωμί

Shopping

At the greengrocer's ΟΠΩΡΟΠΩΛΕΙΟΝ

a kilo of tomatoes	*ena kilo tomates* ένα κιλό τομάτες
a cucumber	*ena angoori* ένα αγγούρι
a lettuce	*ena marooli* ένα μαρούλι
celery	*ena selino* ένα σέλινο
some radishes	*mia thesmi repanakia* μια δέσμη ρεπανάκια
spring onions	*kremithakia freska* κρεμμυδάκια φρέσκα
half a kilo of aubergines	*miso kilo melitzanes* μισό κιλό μελιτζάνες
a quarter of a kilo of courgettes	*ena tetarto too kiloo* *kolokiTHakia* ένα τέταρτο του κιλού κολοκυθάκια

- For fruit see *Fruit in season* on page 42.

At the butcher's ΚΡΕΟΠΩΛΕΙΟΝ

beef	*vothino* βοδινό
veal	*mos-hari* μοσχάρι
a chicken	*ena kotopoolo* ένα κοτόπουλο
lamb	*arnaki* αρνάκι
goat	*katsikaki* κατσικάκι
pork	*hirino* χοιρινό

Shopping

100 grammes of liver	*ekato gramaria sikoti* εκατό γραμμάρια συκώτι
200 grammes of kidneys	*thiakosia gramaria nefra* διακόσια γραμμάρια νεφρά
two pork chops	*thio kotoletes hirines* δύο κοτολέτες χοιρινές
four lamb cutlets	*tesera paithakia arnisia* τέσσερα παϊδάκια αρνίσια
three steaks	*tris brizoles* τρεις μπριζόλες
ten sausages	*theka lookanika* δέκα λουκάνικα

At the fishmongers ΨΑΡΟΠΩΛΕΙΟΝ

a lobster	*enan astako* έναν αστακό
red mullet	*barmbooni* μπαρμπούνι
grey mullet	*liTHrini* λιθρίνι
octopus	*htapothi* χταπόδι
swordfish	*xifia* ξιφία
prawns	*garithes* γαρίδες
trout	*pestrofa* πέστροφα
cuttlefish	*soopia* σουπιά
squid	*kalamari* καλαμάρι

Shopping

Drinks

a bottle of . . .	*ena bookali* . . . ένα μπουκάλι . . .
a carton of . . .	*ena kooti* . . . ένα κουτί . . .
a can of . . .	*ena kooti* . . . ένα κουτί . . .
apple juice	*himo miloo* χυμό μήλου
beer	*bira* μπίρα
Coca-cola	*Coca-cola* κόκα-κόλα
gin	*gin* τζιν
tomato juice	*himo tomata* χυμό τομάτα
lemon juice	*himo lemoni* χυμό λεμόνι
lemonade	*lemonatha* λεμονάδα
milk	*gala* γάλα
orange juice	*himo portokali* χυμό πορτοκάλι
orangeade	*portokalatha* πορτοκαλάδα
rose cordial	*triandafilo* τριαντάφυλλο
almond cordial	*soomatha* σουμάδα
cherry cordial	*visinatha* βυσσινάδα
red wine	*kokino krasi* κόκκινο κρασί

rosé wine	*krasi roze* κρασί ροζέ
white wine	*aspro krasi* άσπρο κρασί
retsina	*retsina* ρετσίνα
whisky	*ooiski* ουίσκι
brandy	*koniak* κονιάκ
ouzo	*oozo* ούζο
rum	*roomi* ρούμι
sherry	*seri* σέρι
vermouth	*vermoot* βερμούτ
vodka	*votka* βότκα
hot chocolate	*zesti sokolata* ζεστή σοκολάτα
tonic	*tonik* τόνικ
liqueur	*liker* λικέρ
mineral water (still)	*epitrapezio nero* επιτραπέζιο νερό
fizzy water	*metaliko nero* μεταλλικό νερό

Photography

I'd like a film for this camera	*THa iTHela ena film yiafti ti fotografiki mihani* Θα ήθελα ένα φιλμ γι αυτή τη φωτογραφική μηχανή
black and white	*aspromavro* ασπρόμαυρο
colour	*eghromo* έγχρωμο
for slides	*yia slides* για σλάιντς
When will the photos be ready?	*pote THa ine etimes i fotografies?* Πότε θα είναι έτοιμες οι φωτογραφίες;
I need batteries for this camera	*hriazome bataries yiafti ti fotografiki mihani* Χρειάζομαι μπαταρίες γι' αυτή τη φωτογραφική μηχανή

You may see:

ΦΩΤΟΓΡΑΦΙΚΑ *fotografika*	Photographic equipment
ΕΜΦΑΝΙΣΕΙΣ ΦΙΛΜ *emfanisis film*	Film development
ΑΠΑΓΟΡΕΥΕΤΑΙ Η ΦΩΤΟΓΡΑΦΗΣΗ *apagorerete i fotografisi*	No photographs

- **Lost jewellery, cameras, clothing, luggage:** you should report the loss to the police and obtain a copy of the report if you intend claiming from your insurance company.
- **Lost credit cards** should be reported immediately to your bank according to the instructions given on issue, and also to the police.
- In Greece there is a Tourist Police force whose function is to assist travellers. Members of this force can speak foreign languages and it is probably best to contact the Tourist Police in the first instance in all but cases of serious crime (which is rare in Greece).
- **Banks** usually open only in the mornings from 8.30 until 1.00. In tourist areas though some operate exchange bureaux outside these hours. Foreign currency and travellers cheques can also be exchanged in many hotels although the rate may not be as favourable as in a bank. You will

normally need your passport when cashing
travellers cheques.
- Although hotels and some of the more expensive
restaurants take credit cards, they are not
universally accepted. It is therefore wise to carry at
least some local currency with you.

Lost property

Where's the lost property office?	*poo ine to grafio apolesTHendon andikimenon?* Πού είναι το γραφείο απολεσθέντων αντικειμένων;
I've lost . . .	*ehasa . . .* 'Εχασα . . .
. . . **my handbag**	. . . *ti tsanda moo* τη τσάντα μου
. . . **my money**	. . . *ta lefta moo* τα λεφτά μου
. . . **my passport**	. . . *to thiavatirio moo* το διαβατήριό μου
. . . **my suitcase**	. . . *ti valitsa moo* τη βαλίτσα μου
. . . **my wallet**	. . . *to portofoli moo* το πορτοφόλι μου
. . . **my camera**	. . . *ti fotografiki moo mihani* . . . τη φωτογραφική μου μηχανή
. . . **my ring**	. . . *to thahtilithi moo* το δαχτυλίδι μου

I lost it. . .	*to ehasa* Το έχασα . . .
. . . this morning	*. . . simera to proi* σήμερα το πρωί
. . . today	*. . . simera* σήμερα
. . . yesterday	*. . . htes* χτες
. . . three days ago	*. . . prin tris meres* πριν τρεις μέρες
It has my name on it	*ehi tonoma moo* Έχει τ' όνομά μου

At the bank

Where is the exchange bureau?	*poo ine to sinalagma?* Πού είναι το συνάλλαγμα;
I'd like to cash . . .	*THelo nalaxo . . .* Θέλω ν' αλλάξω . . .
. . . a traveller's cheque	*. . . ena traveller's cheque* ένα traveller's cheque
. . . two cheques of 20 pounds	*. . . thio epitayes ton ikosi liron* δύο επιταγές των είκοσι λιρών
I'd like to change some pounds/dollars	*THelo nalaxo merikes lires/ merika tholaria* Θέλω ν' αλλάξω μερικές λίρες/μερικά δολάρια
What is the rate of exchange?	*pia ine i timi too synalagmatos?* Ποια είναι η τιμή του συναλλάγματος;

Services

Please give me . . .	*parakalo na moo thosete . . .* Παρακαλώ να μου δώσετε . . .
. . . notes	*. . . hartonomismata* χαρτονομίσματα
. . . coins	*. . . nomismata* νομίσματα
Here is my passport	*to thiavatirio moo* Το διαβατήριό μου
Here it is	*etho ine* Εδώ είναι
Is it free?	*ine thorean?* Είναι δωρεάν;
Is it included?	*simberilanvanete?* Συμπεριλαμβάνεται;

You may hear:

éhete to thiavatirio sas, *parakalo?* Έχετε το διαβατήριό σας, παρακαλώ;	**Do you have your passport,** **please?**
posa THelete? Πόσα θέλετε;	**How much do you want?**
ipograpste etho, parakalo Υπογράψτε εδώ, παρακαλώ	**Sign here, please**
prepi na pate sto tamio Πρέπει να πάτε στο ταμείο	**You must go to the cashier**

Services

You may see:

ΤΡΑΠΕΖΑ *trapeza*	Bank
ΣΥΝΑΛΛΑΓΜΑ *sinalagma*	Foreign exchange
ΤΑΜΕΙΟ *tamio*	Cashier
ΤΑΞΙΔΙΩΤΙΚΕΣ ΕΠΙΤΑΓΕΣ *taxithiotikes epitayes*	Traveller's cheques
ΩΡΕΣ ΣΥΝΑΛΛΑΓΗΣ *ores sinalayis*	Banking hours

cheque	*i epitayi* η επιταγή
cheque book	*to vivliario epitagon* το βιβλιάριο επιταγών
commission	*ta exoda trapezis* τα έξοδα τραπέζης
credit card	*i pistotiki karta* η πιστωτική κάρτα
equivalent value	*i andistihi axia* η αντίστοιχη αξία
Eurocheques	*i evroepitayes* οι ευρωεπιταγές
extra charge	*i epiprosTHeti epivarinsi* η επιπρόσθετη επιβάρυνση
exchange rate	*i timi too sinalagmatos* η τιμή του συναλλάγματος
foreign currency	*to xeno nomisma* το ξένο νόμισμα
form	*to endipo* το έντυπο
receipt	*i apothixi* η απόδειξη
reduction	*i ekptosi* η έκπτωση

telex	*to telex*
	το τέλεξ
total	*to sinolo*
	το σύνολο
transfer	*i metafora*
	η μεταφορά
to make a credit transfer	*metafero pistosi*
	μεταφέρω πίστωση
traveller's cheque	*to traveller's cheque*
	το traveller's cheque

Post Office

Post offices are usually open throughout the day
during normal working hours. At some of the main
post offices, there are special counters for stamp
collectors.
Stamps for postcards and letters to the main
European countries are often sold at kiosks.

I'm looking for . . .	*psahno yia . . .*
	Ψάχνω για . . .
. . . the post office	*. . . to tahithromio*
	το ταχυδρομείο
. . . a letter box (mailbox)	*. . . ena gramatokivotio*
	ένα γραμματοκιβώτιο
. . . a phone booth	*. . . enan tilefoniko THalamo*
	έναν τηλεφωνικό θάλαμο
How much is it to send . . . ?	*poso kostizi na stilo . . . ?*
	Πόσο κοστίζει να στείλω . . . ;
I want to send . . .	*THelo na stilo . . .*
	Θέλω να στείλω . . .
. . . a letter	*. . . ena grama*
	ένα γράμμα

111

. . . a parcel	. . . *ena thema*
	ένα δέμα
. . . a postcard	. . . *mia kart postal*
	μια καρτ ποστάλ
. . . a postal order	. . . *mia tahithromiki epitayi*
	μια ταχυδρομική
	επιταγή
. . . to England	. . . *stin anglia*
	στην Αγγλία
. . . to Ireland	. . . *stin irlanthia*
	στην Ιρλανδία
. . . to the USA	
	. . . *stis ipa*
	στις ΗΠΑ
. . . to Australia	. . . *stin afstralia*
	στην Αυστραλία

I would like . . .	*THa iTHela* . . .
	Θα ήθελα . . .

. . . **three 80 drachma stamps**	. . . *tria gramatosima ton ogthonda thrahmon*
	τρία γραμματόσημα
	των ογδόντα δραχμών
. . . **a stamp for England**	. . . *ena gramatosimo yia tin anglia*
	ένα γραμματόσημο για
	την Αγγλία
. . . **five 50 cent stamps**	. . . *pende gramatosima ton peninda cent*
	πέντε γραμματόσημα
	των πενήντα σεντ

Telephoning

- As well as telephone booths, many newspaper kiosks also have phones from which you can make local calls. It is also worth asking at cafés if they will allow you to make a local call.
- Long distance calls can be made from hotels who may make a substantial charge. It is cheaper to use one of the telephone offices (OTE in Greece, CYTA in Cyprus) which are to be found in major towns.
- In Cyprus, you can use either coins or phone cards, τηλεκάρτες. Phone cards can be bought from banks, post offices and offices of the Cyprus Telecommunications Authority. Telephone booths where coins can be used are labelled ΚΕΡΜΑΤΟΔΕΚΤΕΣ or ΝΟΜΙΣΜΑΤΟΔΕΚΤΕΣ and those for phone cards ΤΗΛΕΚΑΡΤΕΣ. In Cyprus the instructions in telephone booths appear in both Greek and English. To date, there are no phone cards in use in Greece.
- In some cases, long distance calls have to be made from different booths which display the sign ΥΠΕΡΑΣΤΙΚΕΣ ΚΛΗΣΕΙΣ.
- Phone numbers are read out in pairs with the last three taken together e.g. 22 33 456 = είκοσι δύο, τριάντα τρία, τετρακόσια πενήντα έξι.
- The code for international calls is 00 and the UK code is 44. Remember that when phoning from abroad the 0 before the area code is left out. So you will need to dial 00 for international calls, followed by 44 (country code), then area code less the first 0 and finally the subscriber's number.

Hello!	*embros!* Εμπρός!
Can you help me, please?	*borite na me voiTHisete, parakalo?* Μπορείτε να με βοηθήσετε, παρακαλώ;

International operator, please	*plirofories thieTHnoos tilefonias, parakalo* Πληροφορίες διεθνούς τηλεφωνίας, παρακαλώ
Directory Enquiries, please	*plirofories tilefonias, parakalo* Πληροφορίες τηλεφωνίας, παρακαλώ
What's the dialing code for Britain/America?	*pios ine o kothikos yia tin anglia/ameriki?* Ποιος είναι ο κωδικός για την Αγγλία/Αμερική;
I want extension . . ., please	*THelo esoteriki grami . . ., parakalo* Θέλω εσωτερική γραμμή . . ., παρακαλώ
Is . . . there, please?	*ine eki . . ., parakalo?* Είναι εκεί . . ., παρακαλώ
It's (man/woman) . . . speaking	*mila o/i . . .* Μιλά ο/η . . .
I'd like to reverse the charges	*THelo na kano klisi plirotea apo ton paralipti* Θέλω να κάνω κλήση πληρωτέα από τον παραλήπτη
I'm phoning to tell you my arrival time	*tilefono na sas po tin ora afixeos moo* Τηλεφωνώ να σας πω την ώρα αφίξεώς μου
I'll be arriving . . .	*THa ftaso . . .* Θα Φτάσω . . .
. . . tomorrow	*. . . avrio* αύριο
. . . at . . .o'clock	*. . . stis . . . i ora* στις . . . η ώρα
. . . this afternoon	*. . . to apoyevma* το απόγευμα
. . . before six o'clock	*. . . prin tis exi* πριν τις έξι

. . . next week
. . . *tin erhomeni evthomatha*
την ερχόμενη εβδομάδα

You may see:

ΤΗΛΕΚΑΡΤΕΣ
tilekartes

Phone cards

ΝΟΜΙΣΜΑΤΟΔΕΚΤΗΣ
or
ΚΕΡΜΑΤΟΔΕΚΤΗΣ
nomismatothektis or kermatothektis

Coin-operated public telephone

ΥΠΕΡΑΣΤΙΚΕΣ
ΚΛΗΣΕΙΣ
iperastikes klisis

Long distance calls

ΑΣΤΙΚΕΣ ΚΛΗΣΕΙΣ
astikes klisis

Local calls

ΕΚΤΟΣ
ΛΕΙΤΟΥΡΓΙΑΣ
ektos litooryias

Out of order

Σχηματίστε τον αριθμό
shimatiste ton ariTHmo

Dial the number

Αφού πάρετε απάντηση
πιέστε το πορτοκαλί
πλήκτρο
*afoo parete apantisi pieste
to portokali pliktro*

When you get a reply, press
the orange key

You may hear:

*THa kanete topiko
tilefonima?*
Θα κάνετε τοπικό
τηλεφώνημα;

Are you making a local call?

ine kratimeno
Είναι κρατημένο

It's engaged

then apanda
Δεν απαντά

There's no reply

pios mila?
Ποιος μιλά;

Who's speaking?

pion THelete? Ποιον θέλετε;	**Who do you want (to speak to)?**
perimenete, parakalo Περιμένετε, παρακαλώ	**Wait, please**
pirate laTHos ariTHmo Πήρατε λάθος αριθμό	**You've got the wrong number**

Cleaning and repairs

○ It may be possible to obtain these services relatively quickly for an additional charge in tourist areas but elsewhere you may have to wait.

Where can I find . . . ?	*poo boro na vro . . . ?* Πού μπορώ να βρω . . . ;
. . . a dry cleaner's	. . . *ena stegnokaTHaristirio* ένα στεγνοκαθαριστήριο
. . . an electrician	. . . *enan ilektrologo* έναν ηλεκτρολόγο
. . . a car mechanic	. . . *enan mihaniko aftokiniton* έναν μηχανικό αυτοκινήτων
. . . a launderette	. . . *plindirio* πλυντήριο
. . . a plumber	. . . *enan ithravliko* έναν υδραυλικό
. . . a shoe repairer	. . . *enan papootsi* έναν παπουτσή
. . . a watch repairer	. . . *enan rologa* έναν ρολογά

Services

English	Transliteration / Greek
It isn't working	*the thoolevi* Δε δουλεύει
It has broken down	*espase* Έσπασε
It's torn	*Skistike* Σκίστηκε
Can you repair my watch?	*borite na ftiaxete to roloi moo?* Μπορείτε να φτιάξετε το ρολόι μου;
How much is it to dry clean my sweater?	*poso THa kostisi to kaTHarisma too pullover moo?* Πόσο θα κοστίσει το καθάρισμα του πουλόβερ μου;
How many days do you need to launder my clothes?	*poses meres hriazeste yia to plisimo ton roohon moo?* Πόσες μέρες χρειάζεστε για το πλύσιμο των ρούχων μου;
When will it be ready?	*pote THa ine etimo?* Πότε θα είναι έτοιμο;
How many hours will it take?	*poses ores THa pari?* Πόσες ώρες θα πάρει;
Will it be long?	*THaryisi?* Θ' αργήσει;
I need . . .	*Hriazome . . .* Χρειάζομαι . . .
. . . a bicycle pump	*. . . mia tromba pothilatoo* μια τρόμπα ποδηλάτου
. . .a fuse	*. . . mia asfalia* μια ασφάλεια
. . . a needle	*. . . ena veloni* ένα βελόνι
. . . thread	*. . . klosti* κλωστή

. . . screwdriver	. . . *ena katsavithi* ένα κατσαβίδι
It's fused	*kaike i asfalia* Κάηκε η ασφάλεια
It needs a new heel/sole	*hriazete takooni/sola* Χρειάζεται τακούνι/σόλα

Information

You may see:

ΠΛΗΡΟΦΟΡΙΕΣ	Information

Where's the information bureau?	*poo ine to grafio pliroforion?* Πού είναι το γραφείο πληροφοριών;
I'd like some information about . . .	*THa iTHela plirofories yia . . .* Θα ήθελα πληροφορίες για . . .
. . . rooms in private houses	. . . *thomatia se spiti* δωμάτια σε σπίτι
. . . camp sites	. . . *horoos camping* χώρους κάμπιγκ
. . . traditional settlements	. . . *parathosiakoos ikismoos* παραδοσιακούς οικισμούς
. . . archaeological sites	. . . *arheoloyikoos horoos* αρχαιολογικούς χώρους
. . . excursions	. . . *ekthromes* εκδρομές
. . . exhibitions	. . . *ekTHesis* εκθέσεις
. . . evening entertainment	. . . *nihterina kendra* νυχτερινά κέντρα

Services

. . . hotels	. . . *xenothohia* ξενοδοχεία
. . . ancient theatres	. . . *arhea THeatra* αρχαία θέατρα
. . . museums	. . . *moosia* μουσεία
. . . sports	. . . *spor* σπορ
Have you . . . ?	*ehete . . . ?* 'Εχετε . . . ;
. . . some brochures	. . . *merikes brosoores* μερικές μπροσούρες
. . . some leaflets	. . . *merika endipa* μερικά έντυπα
. . . a list of hotels	. . . *mia lista ton xenothohion* μια λίστα των ξενοδοχείων
. . . a map of the town	. . . *ena harti tis polis* ένα χάρτη της πόλης
. . . a road map	. . . *enan othiko harti* έναν οδικό χάρτη
Can I . . . ?	*Boro na . . .* Μπορώ να . . .
. . . hire	. . . *nikiaso* νοικιάσω
. . . visit	. . . *episkefto* επισκεφτώ
. . . go there every day	. . . *piyeno eki kaTHe mera* πηγαίνω εκεί κάθε μέρα

MEETING PEOPLE

- Greek hospitality is renowned and with justification. Whether you meet on a personal level or by way of business, Greek people will readily issue a vague invitation to visit them in their home. This may or may not be just a sign of politeness and they would be offended if you made a negative reply. Whether in your turn you mean it or not, it would be advisable to thank them politely and indicate that you will do so, remaining equally vague.
- If you are invited to their home or out for a meal you will probably be meeting the family. Personal questions relating to where you live, your job and your family are regarded as perfectly acceptable to get the conversation going. Remember that the family is very important and an individual is often judged by the family of which he or she is a member. This is reflected in the fact that names are often given beginning with the surname or family name, followed by the middle name (which in Greece and Cyprus is the father's or husband's name), and lastly the Christian name.
- If you are invited out your host will expect to pay and vice versa. Do not set much store by punctuality. Although it is advisable to respond to appointments punctually, do not be surprised if your hosts take a rather lax view of time. The meal will prove to be very elaborate, prolonged and most enjoyable, with the entire family present.

What's your name?	*tonoma sas?* Τ' όνομά σας;
My name is . . .	*tonoma moo ine . . .* Τ' όνομά μου είναι . . .

Meeting people

Pleased to meet you	*hero poli* Χαίρω πολύ
Is this seat free?	*ine elefthero afto to kaTHisma?* Είναι ελεύθερο αυτό το κάθισμα;
Do you mind if I smoke?	*sas pirazi na kapniso?* Σας πειράζει να καπνίσω;
Do you have a light?	*ehete fotia?* Έχετε φωτιά;
Would you like to . . . ?	*THa THelate na . . . ?* Θα θέλατε να . . . ;
. . . dance	*. . . horepsoome* χορέψουμε
. . . have something to eat/ drink?	*. . . na fame/pioome kati* να φάμε/πιούμε κάτι
I'm with . . .	*ime me . . .* Είμαι με . . .
. . . my family	*. . . tin ikoyenia moo* την οικογένειά μου
. . . my friends	*. . . parea* παρέα
. . . my boyfriend	*. . . to filo moo* το φίλο μου
. . . my girlfriend	*. . . ti fili moo* τη φίλη μου
. . . my husband	*. . . ton andra moo* τον άντρα μου
. . . my wife	*. . . ti yineka moo* τη γυναίκα μου
Where are you from?	*apo poo iste?* Από πού είστε;
I'm from . . .	*ime apo . . .* Είμαι από . . .
I'm on holiday	*kano thiakopes* Κάνω διακοπές

Meeting people

I'm studying here	*spoothazo etho* Σπουδάζω εδώ
I'm here on business	*ime etho yia thoolies* Είμαι εδώ για δουλειές
What do you do?	*ti thoolia kanete?* Τι δουλειά κάνετε;
What are you studying?	*ti spoothazete?* Τι σπουδάζετε;

Reactions

It's . . .	*ine . . .* Είναι . . .
. . . wonderful	*. . . THavmasios/* *THavmasia/THavmasio* θαυμάσιος/θαυμάσια/ θαυμάσιο
. . . (very) beautiful	*. . . (poli) omorfos/omorfi/* *omorfo* (πολύ) όμορφος/ όμορφη/όμορφο
. . . interesting	*. . . enthiaferon/* *enthiaferoosa/* *enthiaferon* ενδιαφέρων/ ενδιαφέρουσα/ ενδιαφέρον
. . . horrible	*. . . apesios/apesia/apesio* απαίσιος/απαίσια/ απαίσιο

ESSENTIAL
INFORMATION

For travellers to Greece the National Tourist Organisation of Greece (for its London address see page 20) publishes very useful booklets on the various regions of Greece and the islands.

For travellers to Cyprus, a handy booklet entitled *Traveller's Handbook* can be obtained from the Cyprus Tourism Organisation. It contains a great deal of useful information on anything from lists of car hire firms to shop opening hours and from health food shops to approximate charges for most goods and services. You will find the organisation's London address on page 19.

Numbers

1	ένα	*ena*		20	εικοσι	*ikosi*
2	δύο	*thio*		30	τριάτα	*trianda*
3	τρία	*tria*		40	σαράντα	*saranda*
4	τέσσερα	*tesera*		50	πενήντα	*peninda*
5	πέντε	*pende*		60	εξήντα	*exinda*
6	έξι	*exi*		70	εβδομήντα	*evthominda*
7	επτά	*epta*		80	ογδόντα	*ogthonda*
8	οκτώ	*okto*		90	ενενήντα	*eneninda*
9	εννέα	*enea*		100	εκατό	*ekato*
10	δέκα	*theka*				

200	διακόσια	*thiakosia*		1000	χίλια	*hilia*
300	τριακόσια	*triakosia*		2000	δύο	*thio*
400	τετρακόσια	*tetrakosia*			χιλιάδες	*hiliathes*
500	πεντακόσια	*pendakosia*		3000	τρεις	*tris*
600	εξακόσια	*exakosia*			χιλιάδες	*hiliathes*
700	επτακόσια	*eptakosia*				
800	οκτακόσια	*oktakosia*				
900	εννιακόσια	*eniakosia*				

Days of the week

Sunday	Κυριακή *kiriaki*	**Thursday**	Πέμπτη *pembti*
Monday	Δευτέρα *theftera*	**Friday**	Παρασκευή *paraskevi*
Tuesday	Τρίτη *triti*	**Saturday**	Σάββατο *savato*
Wednesday	Τετάρτη *tetarti*		

Months

January	Ιανουάριος *ianooarios*	**July**	*ioolios* Ιούλιος
February	Φεβρουάριος *fevrooarios*	**August**	Αύγουστος *avgoostos*
March	Μάρτιος *martios*	**September**	Σεπτέμβριος *septemvrios*
April	Απρίλιος *aprilios*	**October**	Οκτώβριος *oktovrios*
May	Μάιος *maios*	**November**	Νοέμβριος *noemvrios*
June	Ιούνιο *ioonios*	**December**	Δεκέμβριος *thekemvrios*

Road information

- You can obtain information about driving abroad from the AA and the RAC.
- Compulsory insurance in case of vehicle hire usually covers only third party insurance. Minor road accidents are a common problem and it would be wise to consider obtaining comprehensive insurance at an extra charge. Also check to see whether you are liable to pay an excess in the event of accident and if so payment of an additional collision damage waiver

premium may be worth considering. Make sure that
you read the insurance documentation you are given.

- There are certain age restrictions for car hire which
  vary from firm to firm and which you would be well
  advised to check. Some firms may not be prepared to
  rent cars to people under the age of 23.
- It is compulsory to carry emergency triangles and to
  display these in case of breakdown.
- Kilometres are used in both countries and on certain
  major roads there are minimum as well as maximum
  speeds.

Tourist information

You may see:

ΠΡΟΣΟΧΗ! ΔΗΜΟΣΙΑ   **Warning! Road works**
ΕΡΓΑ
prosohi! thimosia erga

ΠΕΖΟΔΡΟΜΟΣ   **Pedestrians only**
pezothromos

ΧΩΡΟΣ ΣΤΑΘΜΕΥΣΕΩΣ   **Parking**
horos staTHmefseos

ΑΠΑΓΟΡΕΥΤΑΙ Η   **No parking**
ΣΤΑΘΜΕΥΣΗ
apagorevete i staTHmefsi

- **Parking**: car parks are often in vacant building plots.
  These usually have an attendant collecting a flat
  parking fee. Parking is a major problem in towns and
  the locals often park illegally on the pavements. It
  would not be advisable for visitors to attempt to do
  the same. There are parking meters but be careful not
  to exceed the time because penalties are
  enthusiastically enforced. In towns it is more
  convenient and far less nerve-racking to use public
  transport or taxis.
- **Driving licence**: a British driving licence is adequate
  in both Greece and Cyprus but have it with you when   125

driving, together with your passport and insurance documents.

Insurance: you need to contact your insurers before your journey to clarify the cover your UK insurance policy will actually give you. As in the case of car hire, and in view of the frequency of road accidents, it may be worth considering taking out comprehensive insurance.

Car hire: you can obtain extensive information from the National Tourist Organisation of Greece and the Cyprus Tourism Organisation. Car hire can be arranged through most travel agents in this country and it is possible to have your car waiting for you at the airport and to hand it back just before you check in for your return flight.

Speed limits: these vary depending on the road but are clearly indicated on road signs. Do not forget that on motorways there are also minimum speed limits which must be adhered to. In towns the speed limits are generally 45 km/h.

Tolls: these are encountered in Greece on major routes such as Athens to Thesaloniki and to Halkithiki. There are none in Cyprus. Payment must to be made in cash. The word for *toll* is Διόδια (*thiothia*).

Accidents: in case of even a minor accident, particularly if your understanding of Greek is not very good, it is always a good idea to call the police. This is vital if the incident is likely to result in an insurance claim.

Emergencies

British Consulates should be used only as a last resort. If you are arrested on any serious charge though, you should insist on contacting the Consulate immediately. Police are usually helpful: in Greece it is probably best to contact the Tourist Police in the first instance. Keep a separate list of credit card, traveller's cheque, passport numbers etc., and keep a note of emergency telephone numbers in case of theft.

Essential information

Emergency telephone numbers

	Greece (Athens)*	Cyprus
Fire	199	199
Ambulance	166	199
Police	100	199
Tourist Police	171	–
ELPA (for tourists)	174 (for information see *Travel*)

* The emergency numbers given for Greece are those for the
Athens area. These numbers vary in different areas and the
best way to find them is to consult the local telephone
directory. Ask for τον τηλεφωνικό κατάλογο, *ton tilefoniko
katalogo*.

Electricity

Although the voltage in Greece and Cyprus is the same
as in Britain (220V) the power points in Greece are
different and you need a special adaptor (available in
Britain). In Cyprus the power points are usually the
same as those found in Britain. Equipment intended for
110V supply must not be used in Greece or Cyprus.

Cyprus

Greek is spoken in Cyprus but there are some practical
differences many of which have been noted in the
information sections.

    The currency in Cyprus is the Cyprus pound (it is not
equivalent to the pound Sterling). The Cyprus pound
is divided into 100 cents.

    In Cyprus one drives on the left, as in Britain, whilst
in Greece one drives on the right, as on the
Continent.

    The northern part of Cyprus was invaded by Turkey
in 1974 and an independent de facto Turkish
Republic of Northern Cyprus (TRNC) was
unilaterally declared in 1983. It is not possible to
travel between the two parts of the island and visitors

with TRNC stamps in their passports will not be allowed entry into Greece or the Republic of Cyprus. In the southern part of Cyprus signposts for places in northern Cyprus are still maintained, reflecting the situation prior to 1974. The traveller should be aware of the danger of crossing into areas that are now part of the unofficial Turkish Republic of Northern Cyprus. It would be wise to avoid such places and equally wise to keep your passport with you at all times in particular if driving yourself. It will be very useful if you happen to stray (unwittingly) into Northern Cyprus!

Conversion tables

Distance e.g. 10 km = 6 miles, 10 miles = 16 km

miles	6	12	19	25	31	37	44
km/mile	**10**	**20**	**30**	**40**	**50**	**60**	**70**
km	16	32	48	64	80	97	113

miles	50	56	62	68	75	81
km/miles	**80**	**90**	**100**	**110**	**120**	**130**
km	129	145	161	177	194	210

Temperature

°F	0	20	32	50	70	87	98.6	105	212
°C	—18	—3	0	10	21	30	36.9	40	100

Liquids

litres	**5**	**10**	**15**	**20**	**25**
imperial gallons	1.1	2.2	3.3	4.4	5.5
US Gallons	1.3	2.6	3.9	5.2	6.5

litres	**30**	**35**	**40**	**45**	**50**
imperial gallons	6.6	7.7	8.8	9.9	11.0
US gallons	7.8	9.1	10.4	11.7	13.0

Essential information

Weights e.g. 1 kg = 2.2 lbs, 1 lb = 0.46 kg

lbs	1.1	2.2	4.4	6.6	8.8	11.0
kg/lb	$\frac{1}{2}$	**1**	**2**	**3**	**4**	**5**
kg	0.23	0.46	0.92	1.38	1.84	2.3

lbs	13.2	15.4	17.6	19.8	21.0
kg/lb	**6**	**7**	**8**	**9**	**10**
kg	2.76	3.22	3.68	4.14	4.6

NB 1000 g = 1 kg

WORD LIST

Note:
For numerals, see page 123.

Nouns: Masculine, feminine, neuter nouns are denoted as such by the definite article preceding them.
o = masculine, **η** = feminine, **το** =neuter, **οι** = masculine or feminine plural, **τα** = neuter plural.

Adjectives: these are shown as follows: masculine, feminine, neuter form.

Verbs: as there is no simple form of the infinitive in Greek, verbs are given in the first person singular, present tense.

A

I am able μπορώ
about/roughly περίπου
above πάνω από
abroad στο εξωτερικό
abscess το απόστημα
absent απών, απούσα, απόν
I accept δέχομαι
accident το δυστύχημα
account ο λογαριασμός
accurate ακριβής, ακριβής, ακριβές
ache ο πόνος
in addition επιπλέον
address η διεύθυνση
admission η είσοδος
I admit παραδέχομαι
adult ο ενήλικας
in advance προκαταβολικά
advertisement η διαφήμιση
Aegean (the) το Αιγαίο
Aegina η Αίγινα
aeroplane το αεροπλάνο
after μετά
afternoon το απόγευμα
afternoon performance η απογευματινή παράσταση
aftershave (lotion) το αφτερσέιβ
again ξανά
age η ηλικία
agency το πρακτορείο

air ο αέρας
by air αεροπορικώς
air bed θαλάσσιο στρώμα
air conditioned με κλιματισμό
airmail αεροπορικώς
airport το αεροδρόμιο
air sick ζαλισμένος, ζαλισμένη, ζαλισμένο
air terminal το τέρμιναλ
open air υπαίθριος, υπαίθρια, υπαίθριο
all/every όλοι, όλες, όλα
all year όλο το χρόνο
allergy η αλλεργία
allowed επιτρεπόμενος, επιτρεπόμενη, επιτρεπόμενο
also επίσης
always πάντοτε
amazing καταπληκτικός, καταπληκτική, καταπληκτικό
ambulance το ασθενοφόρο
America η Αμερική
American αμερικανικός, αμερικανική, αμερικανικό
(man, woman) ο Αμερικανός, η Αμερικανίδα

amount το ποσό
amusement η διασκέδαση
amusing διασκεδαστικός,
    διασκεδαστική,
    διασκεδαστικό
anchovies η αντζούγια
animal το ζώο
ankle ο αστράγαλος
anorak το αδιάβροχο
    σακάκι
antibiotic το αντιβιοτικό
antiques οι αντίκες
antiseptic το αντισηπτικό
anything ο,τιδήποτε
appetizing ορεκτικός,
    ορεκτική, ορεκτικό
apple το μήλο
    apple juice ο χυμός
    μήλου
appliance η συσκευή
appointment το ραντεβού
approximately περίπου
apricot το βερίκοκο
April ο Απρίλιος
architect ο αρχιτέκτονας
area
    (part of town) η
    περιοχή
    (part of country) ο
    νομός
around γύρω
    all around γύρω-γύρω
arrival η άφιξη
I arrive φτάνω
art η τέχνη
    art gallery η πινακοθήκη
artichoke η αγκινάρα
article/item το κομμάτι
as/like σαν
ashtray το τασάκι
I ask (for) ζητώ
asparagus το σπαράγγι
aspirin η ασπιρίνη
assistant ο/η βοηθός
asthma το άσθμα
Athens η Αθήνα
athletics τα αθλητικά

attack/fit η κρίση
attendant (man/woman) ο/η
    υπάλληλος
    petrol pump attendant ο/
    η υπάλληλος
Attica η Αττική
August ο Αύγουστος
aunt η θεία
automatic αυτόματος,
    αυτόματη, αυτόματο
average μέσος, μέση,
    μέσο
away μακριά
    a long way away πολύ
    μακριά
    go away! φύγε!
awful φοβερός, φοβερή,
    φοβερό

B
baby το μωρό
baby food βρεφικές
    τροφές
bachelor ο εργένης
back πίσω
    at the back πίσω
    backache ο πόνος στη
    μέση
bacon το μπέικον
    bacon and eggs αυγά και
    μπέικον
bad κακός, κακή, κακό
badly άσχημα
bag η τσάντα
baggage/bags οι
    βαλίτσες
baked μαγειρευτός,
    μαγειρευτή,
    μαγειρευτό
baker's (shop) το
    αρτοπωλείο, ο ψωμάς
balance (money) το
    υπόλοιπο
balcony το μπαλκόνι
ball
    (toy) η μπάλα
    (dance) ο χορός

131

ballet το μπαλέτο
ball-point pen το στυλό
    διαρκείας
banana η μπανάνα
bandage ο επίδεσμος
bank η τράπεζα
bank note το
    χαρτονόμισμα
bar το μπαρ
barber το κουρείο
barmaid η σερβιτόρα
barrier (automatic) η
    μπάρα
bath το μπάνιο
    bath sponge το
        σφουγγάρι
    I have a bath κάνω
        μπάνιο
I bathe κάνω μπάνιο
bathroom η τουαλέτα
battery η μπαταρία
    car battery ο
        συσσωρευτής
to be (I am) είμαι
beach η παραλία
bean το φασόλι
    green beans το φασολάκι
beard τα γένια
beautiful ωραίος, ωραία,
    ωραίο
because επειδή
bed το κρεβάτι
    bed and breakfast η
        διαμονή με πρόγευμα
    bedroom η
        κρεβατοκάμαρα
bee η μέλισσα
beef το βοδινό
beer η μπίρα
beetroot το παντζάρι
before πριν
I begin αρχίζω
beginning η αρχή
behind πίσω
Belgian βελγικός,
    βελγική, βελγικό
    (man, woman) ο

Βέλγος, η Βελγίδα
Belgium το Βέλγιο
bell
(church) η καμπάνα
    (electric) το κουδούνι
below κάτω
belt η ζώνη
    safety belt η ζώνη
        ασφαλείας
bend (in road) η καμπή
beret ο μπερές
beside δίπλα
better καλύτερος,
    καλύτερη, καλύτερο
bicycle το ποδήλατο
    by bicycle με το
        ποδήλατο
    bicycle pump η τρόμπα
        ποδηλάτου
bidet ο μπιντές
big
    (fat) χοντρός,
        χοντρή, χοντρό
    (tall) ψηλός, ψηλή, ψηλό
bill ο λογαριασμός
binding (book) το δέσιμο
bird το πουλί
biro το μπικ
birthdate η ημερομηνία
    γεννήσεως
birthday τα γενέθλια
    Happy birthday χρόνια
        πολλά
biscuit το μπισκότο
black μαύρος, μαύρη,
    μαύρο
blanket η κουβέρτα
block (of flats) η
    πολυκατοικία
blood το αίμα
    (high) blood pressure η
        (υψηλή) πίεση
blouse η μπλούζα
blown (fuse/light
    bulb) καμένος,
    καμένη, καμένο

blue
  (dark) μπλε
  (light) γαλάζιος,
    γαλάζια, γαλάζιο
board η διατροφή
  full board με πλήρη
    διατροφή
  half board με
    ημιδιατροφή
boarding house η πανσιόν
boat (ship) το πλοίο
  by boat με πλοίο
body το σώμα
boiled (potatoes) βραστές
    (πατάτες)
I book/reserve κλείνω
book το βιβλίο
booking/reservation η
    κράτηση
booklet το βιβλιαράκι
boot (of car) το πορτ-
    μπαγκάζ
  (footwear) η μπότα
boring ανιαρός,
    ανιαρή, ανιαρό
I borrow δανείζομαι
boss ο διευθυντής
bottle το μπουκάλι
bottom (far end) η άκρη
bowl το μπολ
box το κουτί
boxing η πυγμαχία
boy το αγόρι
bra το σουτιέν
brake το φρένο
  handbrake το
    χειρόφρενο
brandy το κονιάκ
brave/courageous
    γενναίος, γενναία,
    γενναίο
bread το ψωμί
I break σπάζω
  I break down παθαίνω
    βλάβη
breakdown (mechanical) η
    βλάβη

breakfast το πρωινό
bridge η γέφυρα
briefs/pants η κιλότα
I bring φέρνω
Britain η Βρετανία
British βρετανικός,
    βρετανική,
    βρετανικό
  (man, woman) ο
    Βρετανός, η
    Βρετανίδα
broadcast/programme το
    πρόγραμμα
broken down/not
    working εκτός
    λειτουργίας
brother ο αδερφός
brown καφέ
brush η βούρτσα
buffet ο μπουφές
building το κτίριο
bulb ο λαμπτήρας
I have been burgled μ'
    έχουνε κλέψει
burnt καμένος, καμένη,
    καμένο
I have a burst (tyre) μ'
    έπιασε λάστιχο
bus το λεωφορείο
  by bus με λεωφορείο
  bus station ο σταθμός
    των λεωφορείων
  bus stop η στάση του
    λεωφορείου
butcher's (shop) το
    κρεοπωλείο
butter το βούτυρο
button το κουμπί
I buy αγοράζω

C
cabbage το λάχανο
cake το κέικ
calculator ο υπολογιστής
    τσέπης
calf το μοσχάρι
I call φωνάζω

133

call (on
   telephone) τηλεφωνώ
   I call back παίρνω πίσω
   I make a reverse charge
      call κάνω κλήση
      πληρωτέα από τον
      παραλήπτη
calm ήσυχος, ήσυχη,
   ήσυχο
calor gas το πετρογκάζ
camera η φωτογραφική
   μηχανή
I camp κατασκηνώνω
   camp bed το κρεβάτι
      εκστρατείας
   camp site ο χώρος
      κάμπινγκ
camper ο κατασκηνωτής
camping equipment ο
   εξοπλισμός
   κατασκήνωσης
can η κονσέρβα
Canada ο Καναδάς
Canadian καναδικός,
   καναδική, καναδικό
   (man, woman) ο Καναδός,
      η Καναδέζα
I cancel ακυρώνω
canteen η καντίνα
car το αυτοκίνητο
   car hire οι
      ενοικιάσεις
      αυτοκινήτων
   car hire agency το
      γραφείο ενοικιάσεως
      αυτοκινήτων
   car park ο χώρος
      σταθμεύσεως
   car sickness η ναυτία
      I am car sick είμαι
         ζαλισμένος,
         ζαλισμένη, ζαλισμένο
carafe η καράφα
caravan το τροχόσπιτο
card η κάρτα
cards (playing) τα χαρτιά
   banker's card η

τραπεζική κάρτα
credit card η πιστωτική
   κάρτα
I play cards παίζω
   χαρτιά
careful προσεκτικός,
   προσεκτική,
   προσεκτικό
   be careful! πρόσεξε!
caretaker ο θυρωρός
carriage το βαγόνι
I carry μεταφέρω
carton (of cigarettes) η
   κούτα (τσιγάρα)
   (of yoghurt) το κεσεδάκι
      (γιαουρτιού)
   (of milk) το κουτί
      (γάλα)
cartoons τα κινούμενα
   σχέδια
case (suitcase) η βαλίτσα
I cash a cheque
   εξαργυρώνω μια
   επιταγή
cash τα μετρητά
cashdesk το ταμείο
cassette η κασέτα
   cassette recorder το
      κασετόφωνο
castle το κάστρο
cathedral ο καθεδρικός
   ναός
Catholic καθολικός,
   καθολική, καθολικό
cauliflower το κουνουπίδι
celery το σέλινο
cellar το υπόγειο
cent (a Cyprus pound is
   divided into 100
   cents) το σεντ
centimetre το εκατοστό
centre το κέντρο
   town centre το εμπορικό
      κέντρο
   shopping centre τα
      μαγαζιά
certain βέβαιος, βέβαιη,
   βέβαιο

certainly βέβαια
chain η αλυσίδα
chair η καρέκλα
I change αλλάζω
channel (on TV) το κανάλι
  the English Channel η
    Μάγχη
charge η επιβάρυνση
extra charge επιπρόσθετη
    επιβάρυνση
cheap φτηνός, φτηνή,
    φτηνό
cheaper φτηνότερος,
    φτηνότερη,
    φτηνότερο
I check ελέγχω
check-out το ταμείο
cheese το τυρί
chemist's (pharmacy) το
    φαρμακείο
cheque η επιταγή
  cheque book το
    βιβλιάριο επιταγών
  traveller's cheque το
    travellers cheque, η
    ταξιδιωτική επιταγή
cherry το κεράσι
chewing gum η τσίχλα
chicken το κοτόπουλο
child το παιδί
chips οι τηγανητές
    πατάτες
chocolate η σοκολάτα
  bar of chocolate μια
    σοκολάτα
choice η επιλογή
I choose διαλέγω
chop η κοτολέτα
Christmas τα
    Χριστούγεννα
church η εκκλησία
cider ο μηλίτης
cigarette το τσιγάρο
  cigarette case η
    τσιγαροθήκη
cine-camera η σινεκάμερα
cinema ο κινηματογράφος

circle (in theatre) ο
    εξώστης
circus το τσίρκο
class η θέση
  first class η πρώτη θέση
  second class η δεύτερη
    θέση
I clean καθαρίζω
  I have something
    cleaned καθαρίζω
    κάτι
clean καθαρός, καθαρή,
    καθαρό
cliff ο γκρεμός
climbing/mountaineering η
    ορειβασία
clinic η κλινική
clock το ρολόι
I close κλείνω
closed κλειστός, κλειστή,
    κλειστό
cloth (fabric) το ύφασμα
  (duster) το ξεσκονόπανο
clothes τα ρούχα
  sports clothes τα σπορ
    ρούχα
club η λέσχη
  youth club η λέσχη
    νεότητος
clutch ο συμπλέκτης
coach (railway) το βαγόνι
  (bus) το λεωφορείο
  by coach με το
    λεωφορείο
coast η ακτή
coat το παλτό
Coca-Cola η κόκα κόλα
co-educational μικτός,
    μικτή, μικτό
coffee ο καφές
  (white) ο καφές με γάλα
  (with cream) ο καφές με
    κρέμα
  (black) ο καφές χωρίς
    γάλα
  (Greek) ο ελληνικός
    καφές

135

coffee pot η καφετιέρα
coin το νόμισμα
cold κρύος, κρύα, κρύο
  I have a cold έχω
    κρυολόγημα
  I am cold κρυώνω
collection η συλλογή
  (of post) η περισυλ-
    λογή
collision η σύγκρουση
colour το χρώμα
I come έρχομαι
comedy (film) η κωμωδία
comfortable άνετος,
  άνετη, άνετο
commission το ποσοστό
compact disc ο δίσκος
  compact
compartment το
  διαμέρισμα
complete πλήρης,
  πλήρης, πλήρες
compulsory
  αναγκαστικός,
  αναγκαστική,
  αναγκαστικό
computer ο κομπιούτερ
  computer games τα
    παιγνίδια στον
    κομπιούτερ
concert η συναυλία
congratulations! συγχα-
  ρητήρια!
connection (travel) η
  μεταβίβαση
constipated δυσκοίλιος,
  δυσκοίλια,
  δυσκοίλιο
consulate το προξενείο
consulting room το
  ιατρείο
convenient βολικός,
  βολική, βολικό
I cook μαγειρεύω
cook ο μάγειρας, η
  μαγείρισσα
cooked μαγειρεμένος,

μαγειρεμένη,
  μαγειρεμένο
well
  cooked καλοψημένος,
    καλοψημένη,
    καλοψημένο
cooker η κουζίνα
Corfu η Κέρκυρα
Corinth η Κόρινθος
corkscrew το τιρμπουσόν
corn (food) το καλαμπόκι
  (on foot) ο κάλος
corner η γωνία
correct σωστός, σωστή,
  σωστό
corridor ο διάδρομος
it costs κοστίζει
cost το κόστος
costume το κοστούμι
  bathing costume το
    μαγιό
cotton το βαμβάκι
  made of cotton
    βαμβακερός,
    βαμβακερή,
    βαμβακερό
  cotton wool το βαμβάκι
couchette η κουκέτα
I cough βήχω
cough drops σταγόνες
  του βήχα
counter ο μετρητής
  (in shop) ο πάγκος
country η χώρα
countryside η εξοχή
course η διαδρομή
cover charge το κουβέρ
crab ο κάβουρας
cream η κρέμα
  (medical) η αλοιφή
credit η πίστωση
  credit card η πιστωτική
    κάρτα
cress το κάρδαμο
Crete η Κρήτη
cricket το κρίκετ
crisps τα τσιπς

cross ο σταυρός
crossing το πέρασμα
  sea crossing (voyage) το
    ταξίδι στη θάλασσα
  level crossing η
    σιδηροδρομική
    διάβαση
  pedestrian crossing η
    διάβαση πεζών
  underground crossing η
    υπόγειος διάβαση
crossroads το
  σταυροδρόμι
cup το φλιτζάνι
currency (foreign) το
  νόμισμα
customs το τελωνείο
  customs duty το
    τελωνειακό τέλος
I cut κόβω
Cyclades οι Κυκλάδες
cyclist ο ποδηλατιστής
Cyprus η Κύπρος
Cypriot κυπριακός,
  κυπριακή, κυπριακό
  (man, woman) ο
    Κύπριος, η Κυπρία

D

Dad ο μπαμπάς
daily καθημερινός,
  καθημερινή,
  καθημερινό
dairy το γαλακτοπωλείο
danger ο κίνδυνος
dangerous επικίνδυνος,
  επικίνδυνη,
  επικίνδυνο
I dance χορεύω
dance ο χορός
dark
  (of sky) σκοτεινός,
    σκοτεινή, σκοτεινό
date η ημερομηνία
daughter η κόρη
day η μέρα
  the day before χτες

  the day before
    yesterday προχτές
  the next day αύριο
  the day after
    tomorrow μεθαύριο
dead νεκρός, νεκρή,
  νεκρό
I deal with συνεργάζομαι
  με
December ο Δεκέμβριος
deck chair η σεζλόνγκ
I declare δηλώνω
  nothing to
    declare τίποτα
    προς δήλωση
deep βαθύς, βαθιά, βαθύ
delay η καθυστέρηση
delayed καθυστερημένος,
  καθυστερημένη,
  καθυστερημένο
Delphi οι Δελφοί
dentist ο οδοντογιατρός
dentist's το οδοντιατρείο
deodorant το αποσμητικό
department το τμήμα
departure gate η έξοδος
  αναχωρήσεως
departure lounge η
  αίθουσα αναχωρήσεων
departure time η ώρα
  αναχωρήσεως
I depend εξαρτώμαι
  that
    depends εξαρτάται
deposit η προκαταβολή
desk (cashdesk) το ταμείο
  (table) το γραφείο
dessert το επιδόρπιο
destination ο προορισμός
diabetic (man, woman) ο
  διαβητικός, η
  διαβητική
I dial σχηματίζω αριθμό
  dialling tone ο ήχος
    ελεύθερης γραμμής
diarrhoea η διάρροια
diesel (oil) το πετρέλαιο, 137
  το ντίζελ

I dine δειπνώ
dining room η τραπεζαρία
diploma το δίπλωμα
direction η κατεύθυνση
  all directions όλες οι κατευθύνσεις
directory ο κατάλογος
telephone directory ο τηλεφωνικός κατάλογος
dirty ακάθαρτος, ακάθαρτη, ακάθαρτο
disco η δισκοθήκη
  to go to a disco πηγαίνω σε δισκοθήκη
dish το πιάτο
distance η απόσταση
distant/far
  away μακρινός, μακρινή, μακρινό
diversion (road) ο παρακαμπτήριος
divorced διαζευγμένος, διαζευγμένη, διαζευγμένο
dizzy spells οι ζαλάδες
I do κάνω
doctor (man/woman) ο/η γιατρός
documentary το ντοκιμαντέρ
Dodecanese τα Δωδεκάνησα
dog ο σκύλος
dollar το δολλάριο
door η πόρτα
dormitory ο κοιτώνας
dozen μια ντουζίνα
I doubt αμφιβάλλω
doubt η αμφιβολία
  no doubt χωρίς αμφιβολία
Dover το Ντόβερ
drachma η δραχμή
drawing το σκίτσο
I drink πίνω

drinkable water το πόσιμο νερό
(non-) drinking water (μη) πόσιμο νερό
I drive οδηγώ
drive η οδήγηση
driver (man/woman) ο/η οδηγός
drunk μεθυσμένος, μεθυσμένη, μεθυσμένο
I dry clean πηγαίνω στο στεγνοκαθαριστήριο
dry cleaning/dry cleaner's το στεγνοκαθαριστήριο
dubbed ντουμπλαρισμένος, ντουμπλαρισμένη, ντουμπλαρισμένο
  dubbed in Greek ντουμπλαρισμένο στα ελληνικά
duration η διάρκεια
dust η σκόνη
dustbin ο σκουπιδοτενεκές
Dutch ολλανδικός, ολλανδική, ολλανδικό
  (man, woman) ο Ολλανδός, η Ολλανδέζα

E
each κάθε
  each person/day/night ο καθένας/ κάθε μέρα/ κάθε νύχτα
  each (one) το καθένα
ear το αυτί
early νωρίς
I earn/win κερδίζω
east η ανατολή
Easter το Πάσχα
easy εύκολος, εύκολη, εύκολο
I eat τρώω

138

economics   τα οικονικά
I economise   κάνω
    οικονομίες
edge   η άκρη
Edinburgh   το Εδιμβούργο
education   η παιδεία
effort   η προσπάθεια
  it's not worth the
    effort   δεν αξίζει
    τον κόπο
egg   το αβγό
elbow   ο αγκώνας
eldest   ο μεγαλύτερος, η
    μεγαλύτερη, το
    μεγαλύτερο
electric   ηλεκτρικός,
    ηλεκτρική, ηλεκτρικό
electrician   ο
    ηλεκτρολόγος
electricity   το ηλεκτρικό
elegant   κομψός, κομψή,
    κομψό
emergency   η έκτακτος
    ανάγκη
emergency exit   η έξοδος
    κινδύνου
employee (man/woman)   ο/η
    υπάλληλος
employer   ο εργοδότης
empty   άδειος, άδεια,
    άδειο
end   το τέλος
  at the end   στο τέλος
energy   η ενέργεια
engaged (number/seat/
    toilet)   κρατημένος,
    κρατημένη, κρατημένο
  (of taxi)   κρατημένος,
    κρατημένη, κρατημένο
  (betrothed)
    αρραβωνιασμένος,
    αρραβωνιασμένη,
    αρραβωνιασμένο
engagement   οι
    αρραβώνες
engine   ο κινητήρας
England   η Αγγλία

English   αγγλικός,
    αγγλική, αγγλικό
  (man, woman)   ο
    'Αγγλος, η Αγγλίδα
  (language)   τα αγγλικά
I enjoy myself   διασκεδάζω
enjoy your meal!   καλή
    όρεξη!
enough   αρκετός, αρκετή,
    αρκετό
  that's enough   φτάνει
I enrol   γράφομαι
I enter   μπαίνω μέσα
entertainment   η
    διασκέδαση
entirely   εντελώς
entrance   η είσοδος
  entrance fee   η είσοδος
entry   η είσοδος
  no entry   απαγορεύεται
    η είσοδος
envelope   ο φάκελος
epileptic   επιληπτικός,
    επιληπτική,
    επιληπτικό
Epirus   η 'Ηπειρος
equal/the same   ίσος, ίση,
    ίσο
equivalent value   η
    αντίστοιχη αξία
error   το λάθος
escalator   η κυλιόμενη
    σκάλα
espresso coffee   ο καφές
    εσπρέσο
essential   απαραίτητος,
    απαραίτητη,
    απαραίτητο
Eurocheques   η
    ευρωεπιταγή
Europe   Η Ευρώπη
European   ευρωπαϊκός,
    ευρωπαϊκή, ευρωπαϊκό
European community   η
    ευρωπαϊκή κοινότητα
oven   ο φούρνος
evening   το βράδυ

139

in the evening το βράδυ
**good
  evening!** καλησπέρα!
every κάθε
everybody ο καθένας, η
  καθεμιά, το καθένα
everywhere παντού
exact ακριβής, ακριβής,
  ακριβές
exactly ακριβώς
I exaggerate υπερβάλλω
example το παράδειγμα
I exceed υπερβαίνω
excellent άριστος,
  άριστη, άριστο
except (for) εκτός (από)
excess charge η
  επιβάρυνση για
  υπέρβαρες
  αποσκευές
I exchange (money) αλλάζω
exchange το συνάλλαγμα
  exchange bureau το
    συνάλλαγμα
  **exchange rate (at today's
    price)** η (σημερινή)
    τιμή του
    συναλλάγματος
excursion η εκδρομή
excuse me! συγνώμη!
exhibition η έκθεση
I exist υπάρχω
exit η έξοδος
  emergency exit η
    έξοδος κινδύνου
I expect περιμένω
expenditure η δαπάνη
expenses τα έξοδα
expensive ακριβός,
  ακριβή, ακριβό
  not very expensive όχι
    πολύ ακριβό
I explain εξηγώ
expression/phrase η
  έκφραση
extension (phone) η
  εσωτερική γραμμή

extra έξτρα
extraordinary
  ασυνήθιστος,
  ασυνήθιστη,
  ασυνήθιστο
extremely πολύ
eye το μάτι

F
face το πρόσωπο
  face flannel η
    πετσετούλα του
    προσώπου
factory το εργοστάσιο
fair (hair) ο ξανθός, η
  ξανθή, το ξανθό
false ψεύτικος, ψεύτικη,
  ψεύτικο
family η οικογένεια
famous διάσημος,
  διάσημη, διάσημο
far (from) μακριά (από)
  as far as τόσο μακριά
    όσο
fare το εισιτήριο
  at normal fare με
    συνηθισμένο
    εισιτήριο
  at reduced fare με
    μειωμένο εισιτήριο
farm η φάρμα
father ο πατέρας
  father-in-law ο πεθερός
February ο
  Φεβρουάριος
I feel αισθάνομαι
ferry το φέριμποτ
  by ferry με το φέριμποτ
festival το φεστιβάλ
fiancé ο
  αρραβωνιαστικός
fiancée η
  αρραβωνιαστικιά
field το χωράφι
fig το σύκο
I fight αγωνίζομαι
I fill (in) γεμίζω

I fill up with petrol γεμίζω με βενζίνη
fillet το φιλέτο
film
  (for camera) το φιλμ
  (in cinema) η ταινία
I find βρίσκω
fine
  (penalty) το πρόστιμο
  (weather) καλός, καλή, καλό
  (OK) εντάξει
finger το δάχτυλο
I finish τελειώνω
fire! φωτιά!
fireman ο πυροσβέστης
first πρώτα
first of all πρώτα-πρώτα
fish το ψάρι
fishing το ψάρεμα
fitted out εξοπλισμένος, εξοπλισμένη, εξοπλισμένο
I fix επιδιορθώνω
fixed-price menu ο κατάλογος με ορισμένη τιμή
flash το φλας
flat το διαμέρισμα
flats (blocks of) η πολυκατοικία
flavour η γεύση
flight η πτήση
floor (storey) ο όροφος
  (boards) το πάτωμα
  ground floor το ισόγειο
  on the floor στο πάτωμα
flower το λουλούδι
'flu η γρίπη
fog/mist η ομίχλη
I follow ακολουθώ
food το φαΐ
  sea food τα θαλασσινά
food store το κατάστημα τροφίμων
foot το πόδι
  on foot με τα πόδια

football το ποδόσφαιρο
footpath το μονοπάτι
for για
  (because) γιατί
forbidden απαγορεύεται
  it is forbidden to
    . . . απαγορεύεται να . . .
foreign ξένος, ξένη, ξένο
forest το δάσος
I forget ξεχνώ
I forgive συγχωρώ
  forgive me με συγχωρείτε
fork το πιρούνι
form το έντυπο
  order form το έντυπο παραγγελίας
formula η φόρμουλα
France η Γαλλία
free ελεύθερος, ελεύθερη, ελεύθερο
freezer ο καταψύκτης
French γαλλικός, γαλλική, γαλλικό
  (man, woman) ο Γάλλος, η Γαλλίδα
  (language) τα γαλλικά
Friday η Παρασκευή
fried potatoes πατάτες τηγανητές
friend (man, woman) ο φίλος, η φίλη
frightening τρομαχτικός, τρομαχτική, τρομαχτικό
frontier τα σύνορα
fruit το φρούτο
  fruit juice ο χυμός φρούτων
frying pan το τηγάνι
full (capacity) γεμάτος, γεμάτη, γεμάτο
  (no vacancies) πλήρες
full board η πλήρης διατροφή

141

fun fair το λούναρ παρκ
furnished επιπλωμένος,
επιπλωμένη,
επιπλωμένο
furnishings τα έπιπλα
fuse η ασφάλεια

G
game το παιχνίδι
games room η αίθουσα
παιχνιδιών
garage το συνεργείο
garage mechanic ο
μηχανικός του
συνεργείου
garden ο κήπος
gas το γκάζι
gate/fence το κάγκελο/ο
φράχτης
gear η ταχύτητα
general γενικός, γενική,
γενικό
generally γενικά
gentle απαλός, απαλή,
απαλό
gentleman ο κύριος
gently απαλά
geography η γεωγραφία
German γερμανικός,
γερμανική, γερμανικό
(man, woman) ο
Γερμανός, η
Γερμανίδα
(language) τα
γερμανικά
Germany η Γερμανία
gift το δώρο
gin το τζιν
girl το κορίτσι
I give δίνω
I give back επιστρέφω
glass το ποτήρι
I raise my glass
(toast) σηκώνω το
ποτήρι μου
glasses τα γυαλιά
142 glove τα γάντια

I go πηγαίνω
I go to fetch/go for
πηγαίνω για να βρω
I go to see πηγαίνω να δω
I go around with βγαίνω
με
I go away φεύγω
I go camping πηγαίνω
κατασκήνωση
I go down κατεβαίνω
I go home/back γυρίζω
στο σπίτι
I go in μπαίνω
I go out βγαίνω
I go up ανεβαίνω
I go with πηγαίνω με
goal ο σκοπός
gold ο χρυσός
made of gold χρυσός,
χρυσή, χρυσό
golf course το γήπεδο του
γκολφ
good καλός, καλή, καλό
goodbye χαίρετε
gramme το γραμμάριο
grandchild το εγγόνι
granddaughter η εγγονή
grandfather ο παππούς
grandmother η γιαγιά
grandson ο εγγονός
grapes το σταφύλι
grapefruit το
γκρέιπφρουτ
grass το γρασίδι
Great Britain η Μεγάλη
Βρετανία
Greece η Ελλάδα
Greek ελληνικός,
ελληνική, ελληνικό
(man, woman) ο
Έλληνας, η
Ελληνίδα
(language) τα ελληνικά
green πράσινος,
πράσινη, πράσινο
greengrocer's το
οπωροπωλείο, το
μανάβικο

grey γκρίζος, γκρίζα, γκρίζο
grocer ο μπακάλης
grocer's το παντοπωλείο
ground το έδαφος
  on the ground στο έδαφος
ground floor το ισόγειο
group η ομάδα, το γκρουπ
I guarantee εγγυώμαι
guide (man/woman) ο/η ξεναγός
guilty ένοχος, ένοχη, ένοχο
gust η ριπή ανέμου
gym/PE η γυμναστική
  PE room η αίθουσα γυμναστικής
gymnastics η γυμναστική

H
hair τα μαλλιά
hairdresser's το κομμωτήριο
half μισός, μισή, μισό
  half-board η ημιδιατροφή
hall η αίθουσα
  town hall το δημαρχείο
ham το ζαμπόν
hand το χέρι
handbag η τσάντα
handkerchief το μαντίλι
I hang up (the phone) κλείνω (το τηλέφωνο)
haricot bean το φασόλι
hat το καπέλο
I have έχω
I have to πρέπει να
head το κεφάλι
headlight ο προβολέας
health η υγεία
  good health/cheers! στην υγειά σας!
I hear ακούω
heart η καρδιά

heart attack η καρδιακή προσβολή
heat η ζέστη
heating η θέρμανση
heatwave ο καύσωνας
heel (shoe) το τακούνι
hello γεια
  (on the 'phone) εμπρός!
I help βοηθώ
help! βοήθεια!
here εδώ
here is/are εδώ βρίσκεται/ βρίσκονται
hi! γεια!
highway code ο κώδικας οδικής κυκλοφορίας
I hire νοικιάζω
hiring η ενοικίαση
I hitchhike κάνω οτοστόπ
hobby το χόμπι
hole η τρύπα
holiday (vacation) οι διακοπές
Holland η Ολλανδία
I hope ελπίζω
horse το άλογο
hospital το νοσοκομείο
hostess η οικοδέσποινα
  air hostess η αεροσυνοδός
hot ζεστός, ζεστή, ζεστό
hotel το ξενοδοχείο
hour η ώρα
house/home το σπίτι
  at my house στο σπίτι μου
how πώς
how do I get to . . .? πώς μπορώ να πάω . . .
  how long? (time) πόση ώρα;
  how much? πόσο;
  how much is it? πόσο κάνει;
hunger η πείνα
  I am hungry πεινώ
hurt πονώ

husband ο σύζυγος
hydrofoil το ιπτάμενο
    δελφίνι
hypermarket η
    υπεραγορά

I
ice (for drink) το παγάκι
    ice cream το παγωτό
identity card η ταυτότητα
if αν
ill άρρωστος, άρρωστη,
    άρρωστο
illegal παράνομος,
    παράνομη, παράνομο
immediately αμέσως
important σπουδαίος,
    σπουδαία, σπουδαίο
impossible αδύνατος,
    αδύνατη, αδύνατο
in μέσα
included
    συμπεριλαμ-
    βανόμενος,
    συμπεριλαμβανόμενη,
    συμπεριλαμβανόμενο
indicator το φλας
information η
    πληροφορία
information bureau το
    γραφείο πληροφοριών
injection η ένεση
insect το έντομο
inspector (train) ο
    ελεγκτής
instead of αντί
insurance η ασφάλεια
insured ασφαλισμένος,
    ασφαλισμένη,
    ασφαλισμένο
I intend έχω σκοπό
interesting ενδιαφέρων,
    ενδιαφέρουσα,
    ενδιαφέρον
international διεθνής,
    διεθνής, διεθνές
interval το διάλειμμα

intolerable ανυπόφορος,
    ανυπόφορη,
    ανυπόφορο
I introduce συστήνω
    may I introduce
    . . . ? να σας
    συστήσω . . . ;
invitation η πρόσκληση
Ireland η Ιρλανδία
    Northern Ireland η
    Βόρειος Ιρλανδία
Irish ιρλανδικός,
    ιρλανδική, ιρλανδικό
    (man, woman) ο
    Ιρλανδός, η
    Ιρλανδή
island το νησί
isn't it? δεν είναι;
Italian ιταλικός ιταλική,
    ιταλικό
    (man, woman) ο
    Ιταλός, η Ιταλίδα
    (language) τα ιταλικά

J
jacket η ζακέτα
jam η μαρμελάδα
January ο Ιανουάριος
jar το μπουκάλι
jeans τα πλου τζην
jersey το πουλόβερ
jobless άνεργος,
    άνεργη, άνεργο
joiner/carpenter ο
    μαραγκός
journalist ο
    δημοσιογράφος
journey το ταξίδι
    have a good
    journey! καλό
    ταξίδι!
jug το δοχείο
juice ο χυμός
July ο Ιούλιος
jumper το πουλόβερ
June ο Ιούνιος

K

kebab το σουβλάκι
I keep κρατώ
key το κλειδί
kilo το κιλό
kind καλός, καλή, καλό
I kiss φιλώ
kitchen η κουζίνα
knife το μαχαίρι
knob το πόμολο
I knock χτυπώ
I knock down γκρεμίζω
I know ξέρω

L

ladder η σκάλα
lady η κυρία
lager (beer) η μπίρα lager
lake η λίμνη
lamb το αρνάκι
lamp ο λαμπτήρας
language η γλώσσα
large μεγάλος, μεγάλη,
    μεγάλο
last τελευταίος,
    τελευταία,
    τελευταίο
  at last τελικά
late αργά
later αργότερα
launderette το πλυντήριο
lavatory η τουαλέτα, το
    αποχωρητήριο
leaflet/folder το έντυπο
leather το δέρμα
  made of leather
    δερμάτινος,
    δερμάτινη,
    δερμάτινο
I leave φεύγω
left αριστερός,
    αριστερή, αριστερό
  on the left στα
    αριστερά
leg το πόδι
leisure ο ελεύθερος
    χρόνος

leisure activities
    δραστηριότητες
    ελεύθερου χρόνου
lemon το λεμόνι
  lemon juice ο χυμός
    λεμονιού
lemonade η λεμονάδα
I lend δανείζω
length το μήκος
less λιγότερος,
    λιγότερη, λιγότερο
  a little less κάπως
    λιγότερο
I let νοικιάζω
letter το γράμμα
  letter box το
    γραμματοκιβώτιο
lettuce το μαρούλι
library η βιβλιοθήκη
licence η άδεια
  driving licence η άδεια
    οδήγησης
lift το ασανσέρ
I lift the receiver σηκώνω το
    ακουστικό
I light ανάβω
light το φως
  (car) τα φώτα
  dipped headlights τα
    χαμηλά φώτα
  headlights οι
    προβολείς
  rear lights τα πίσω φώτα
  red light το κόκκινο φως
  side lights τα φώτα
    πορείας
  traffic lights τα φώτα
    της τροχαίας
lighter ο αναπτήρας
I like something μ' αρέσει
    κάτι
  I'd like θα ήθελα
Limassol η Λεμεσός
line η γραμμή
list ο κατάλογος
litre το λίτρο
little λίγος, λίγη, λίγο

a little λίγο
I live κατοικώ
liver το συκώτι
loaf η φραντζόλα
I loathe απεχθάνομαι
lobster ο αστακός
I lock κλειδώνω
London το Λονδίνο
long μακρύς, μακριά,
    μακρύ
  a long time πολύς
    καιρός
I look (at) κοιτάζω
  (for) ψάχνω
lorry το φορτηγό
  heavy goods vehicle η
    νταλίκα
I lose χάνω
lost property office το
    γραφείο απολεσθέντων
    αντικειμένων
lot
  a lot (of) πολύς. πολλή,
    πολύ
love η αγάπη
love I αγαπώ
lovely ωραίος, ωραία,
    ωραίο
lozenge η παστίλια
luck η τύχη
  good luck! καλή τύχη!
luggage οι αποσκευές
  luggage rack ο χώρος για
    τις αποσκευές
lunch το μεσημεριανό
  I am having lunch τρώω
    το μεσημεριανό μου
luxury η πολυτέλεια

M
Macedonia η Μακεδονία
machine η μηχανή
  washing machine το
    πλυντήριο
Madam η κυρία
magazine το περιοδικό
  weekly/monthly

magazine το
    εβδομαδιαίο/μηνιαίο
    περιοδικό
mail το ταχυδρομείο
I make φτιάχνω
make-up το μακιγιάζ
man ο άντρας
manager (man, woman) ο
    διευθυντής, η
    διευθύντρια
map ο χάρτης
  road map ο οδικός
    χάρτης
March ο Μάρτιος
market η αγορά
married παντρεμένος,
    παντρεμένη,
    παντρεμένο
I marry παντρεύομαι
mashed (potatoes)
    (πατάτες)πουρέ
match το παιχνίδι
  boxing match η
    πυγμαχία
  football match το
    ποδοσφαιρικό
    παιχνίδι
material/fabric το ύφασμα
May ο Μάιος
mayonnaise η μαγιονέζα
meal το φαΐ
  cooked meal το
    μαγειρεμένο φαΐ
  ready-cooked meal το
    έτοιμο φαΐ
  enjoy your meal! καλή
    όρεξη!
meat το κρέας
mechanic ο μηχανικός
  garage mechanic ο
    μηχανικός
    συνεργείου
medicine το φάρμακο
Mediterranean Sea η
    Μεσόγειος Θάλασσα
medium cooked (of
    meat) μέτριο

146

meeting η συνάντηση
  I am arranging a meeting
  with θα διευθετήσω
  συνάντηση με
melon το πεπόνι
  water melon το
  καρπούζι
member το μέλος
I mend μπαλώνω
menu ο κατάλογος
metal το μέταλλο
  made of
  metal μεταλλικός,
  μεταλλική, μεταλλικό
midday το μεσημέρι
middle η μέση
  in the middle (of) στη
  μέση
midnight τα μεσάνυχτα
million το εκατομμύριο
mineral water το
  επιτραπέζιο νερό
  fizzy water το μεταλλικό
  νερό
minute το λεπτό
I miss μου λείπει
Miss η δεσποινίς
mistake το λάθος
mixture (medicine) το
  μίγμα
modern μοντέρνος,
  μοντέρνα, μοντέρνο
moment η στιγμή
Monday η Δευτέρα
money τα χρήματα
  pocket money το
  χαρτζιλίκι
month ο μήνας
monument το μνημείο
moped το μηχανάκι
more περισσότερος,
  περισσότερη,
  περισσότερο
  a little more λίγο ακόμη
morning το πρωί
most of ο περισσότερος,
  η περισσότερη, το

περισσότερο
  at the most το πολύ-
  πολύ
mother η μητέρα
mother-in-law η πεθερά
motorbike η μοτοσικλέτα
  by motorbike με
  μοτοσικλέτα
motor-cyclist ο
  μοτοσικλετιστής
motorway ο
  αυτοκινητόδρομος
mountain το βουνό
mouth το στόμα
much πολύς, πολλή, πολύ
  how much? πόσο κάνει;
mullet (red) το
  μπαρμπούνι
  (white) το λιθρίνι
mum/mummy η μαμά
municipal δημοτικός,
  δημοτική, δημοτικό
museum το μουσείο
mushroom το μανιτάρι
music η μουσική
  pop music η μουσική ποπ
musical η μουσική κωμωδία
mussels τα μύδια
mustard η μουστάρδα
Mykonos η Μύκονος

N
name (full) το
  ονοματεπώνυμο
  Christian/first το όνομα
  surname το επώνυμο
nationality η εθνικότητα
  nationality plate η πλάκα
  με ένδειξη της
  χώρας προελεύσεως
near κοντά
  near here εδώ κοντά
necessary απαραίτητος,
  απαραίτητη,
  απαραίτητο
  it is necessary είναι
  απαραίτητο

neck ο σβέρκος
necklace το κολιέ
I need χρειάζομαι
needle το βελόνι
nephew ο ανηψιός
net (for fish) το δίχτυ
never ποτέ
new νέος, νέα, νέο
news τα νέα
newspaper η εφημερίδα
next
  (to) δίπλα (σε)
  (in order) επόμενος,
    επόμενη, επόμενο
nice καλός, καλή, καλό
Nicosia η Λευκωσία
niece η ανηψιά
night η νύχτα
  goodnight! καληνύχτα!
nil μηδέν
no όχι
noise ο θόρυβος
noodles οι χυλοπίτες
noon το μεσημέρι
north ο βορράς
  North Sea η Βόρεια
    Θάλασσα
nose η μύτη
not δεν
not at all καθόλου
note η σημείωση
nothing τίποτα
notice η προειδοποίηση
November ο Νοέμβριος
number ο αριθμός
nurse η νοσοκόμα
nylon το νάιλον
  made of nylon από
    νάιλον

O
occupied (toilet)
  κρατημένος,
  κρατημένη, κρατημένο
October ο Οκτώβριος
octopus το χταπόδι
offence (against the law) το

αδίκημα
office το γραφείο
  foreign exchange
    office το γραφείο
    συναλλάγματος
  lost property office το
    γραφείο απολεσθέντων
    αντικειμένων
  ticket office το
    εκδοτήριο
    εισιτηρίων
officer (policeman) ο
  αστυφύλακας
oil το λάδι
OK εντάξει
  it's OK είναι εντάξει
  are you OK? είστε
    εντάξει;
old μεγάλος, μεγάλη,
  μεγάλο
omelette η ομελέτα
on πάνω
one-way (street) ο
  μονόδρομος
onion το κρεμμύδι
open ανοιχτός,
  ανοιχτή, ανοιχτό
  open on
    Mondays ανοιχτό τη
    Δευτέρα
opera η όπερα
operation η εγχείρηση
operator η τηλεφωνήτρια
  international operator η
    διεθνής τηλεφωνία
opposite απέναντι
optician ο οπτικός
or ή
orange το πορτοκάλι
  orange juice ο χυμός
    πορτοκαλιού
orangeade η πορτοκαλάδα
orchestra η ορχήστρα
I order παραγγέλλω
original αρχικός,
  αρχική, αρχικό
  in the original

language στην
αρχική γλώσσα
Orthodox (Greek) (man,
woman) ο
ορθόδοξος, η
ορθόδοξη
outside απ' έξω
ouzo το ούζο
overcoat το παλτό
I overtake προσπερνώ
owner (man, woman) ο
ιδιοκτήτης, η
ιδιοκτήτρια
Oxford η Οξφόρδη
oysters τα στρείδια

P
packet το πακέτο
pain ο πόνος
  I have a pain (in) με
  πονάει
pair το ζευγάρι
pale χλωμός, χλωμή,
  χλωμό
pamphlet το φυλλάδιο
pancake η κρέπα
panties η κιλότα
paper το χαρτί
  writing paper το χαρτί
  αλληλογραφίας
papers τα χαρτιά
Paphos η Πάφος
parcel το πακέτο
parents οι γονείς
I park σταθμεύω
park (garden) το πάρκο
  car park ο χώρος
  σταθμεύσεως
part το μέρος
  spare part το
  ανταλλακτικό
  part-time με μερική
  απασχόληση
party το πάρτι
I pass/spend (time) παιρνώ
  (την ώρα)
passer-by ο διαβάτης

passenger ο επιβάτης,
passport το διαβατήριο
pasta τα ζυμαρικά
pastille/lozenge η
  παστίλια
pastries οι πάστες
paté το πατέ
path το μονοπάτι
pâtisserie το
  ζαχαροπλαστείο
Patras η Πάτρα
pavement το πεζοδρόμιο
I pay πληρώνω
  I pay back ξεπληρώνω
paying (not free) με είσοδο
payment η πληρωμή
peach το ροδάκινο
peanuts τα φυστίκια
pear το αχλάδι
peas ο αρακάς
pedestrian ο πεζός
pedestrian crossing η
  διασταύρωση πεζών
Peloponnese η
  Πελοπόννησος
pencil το μολύβι
penfriend ο φίλος από
  αλληλογραφία
penicillin η πενικιλίνη
people οι άνθρωποι
  a lot of people πολλοί
  άνθρωποι
pepper το πιπέρι
per την
  per day/person/night τη
  μέρα/ το άτομο/ τη
  νύχτα
perfect τέλειος, τέλεια,
  τέλειο
performance η παράσταση
perfume το άρωμα
perfumery το τμήμα
  αρωμάτων
period pains οι πόνοι της
  περιόδου
permanent μόνιμος,
  μόνιμη, μόνιμο

permission η άδεια
person το άτομο
    per person το άτομο
personal προσωπικό
petrol η βενζίνη
    2/3 star/standard η απλή
    4/5 star/top-grade η
        σούπερ
    petrol pump attendant ο
        υπάλληλος
    petrol station το
        πρατήριο βενζίνης
I telephone τηλεφωνώ
photo η φωτογραφία
physics η φυσική
piano το πιάνο
picnic η εκδρομή στην
    εξοχή
piece το κομμάτι
pig το γουρούνι
pill το χάπι
pillow το μαξιλάρι
pilot ο πιλότος
pineapple ο ανανάς
Piraeus ο Πειραιάς
pistachio nuts τα φυστίκια
    Αιγίνης
pitch/ground το γήπεδο
place ο τόπος
    it takes place λαμβάνει
        χώρα
plaice το γλωσσάκι
I plan σχεδιάζω
plan το σχέδιο
plane το αεροπλάνο
    by plane με αεροπλάνο
plant το φυτό
plaster ο γύψος
plastic
    made of
        plastic πλαστικός,
        πλαστική, πλαστικό
plate το πιάτο
platform η πλατφόρμα
I play παίζω
    I play football παίζω
        ποδόσφαιρο

I play music παίζω
    μουσική
I play the piano παίζω το
    πιάνο
pleasant ευχάριστος,
    ευχάριστη,
    ευχάριστο
please παρακαλώ
pleased
    ευχαριστημένος,
    ευχαριστημένη,
    ευχαριστημένο
plug
    (electricity) το φις
    (water) η τάπα
plum το δαμάσκηνο
plumber ο υδραυλικός
pocket η τσέπη
I point out υποδεικνύω
police η αστυνομία
    police station το
        αστυνομικό τμήμα
    police van το
        αστυνομικό όχημα
    policeman/
    policewoman ο/η
        αστυνομικός
policy (insurance) το
    ασφαλιστήριο
    συμβόλαιο
pomegranate το ρόδι
pop (music) η ποπ
    (μουσική)
pork το χοιρινό
port το λιμάνι
porter ο αχθοφόρος
possible δυνατός,
    δυνατή, δυνατό
    is it possible? είναι
        δυνατόν;
I post ταχυδρομώ
post το ταχυδρομείο
    postal order η
        ταχυδρομική επιταγή
    postbox το
        γραμματοκιβώτιο
    postcard η καρτ ποστάλ

postcode ο κωδικός
post office το
    ταχυδρομείο
poster/notice η αφίσα
postman ο ταχυδρόμος
potato η πατάτα
poultry τα πουλερικά
pound η λίρα
    pound sterling η
        στερλίνα
prawns οι γαρίδες
I prefer προτιμώ
prescription η συνταγή
present παρών, παρούσα,
    παρόν
pretty όμορφος, όμορφη,
    όμορφο
price η τιμή
    maximum price η
        μέγιστη τιμή
    minimum price η
        ελάχιστη τιμή
    price list ο
        τιμοκατάλογος
priority η
        προτεραιότητα
    I have priority έχω
        προτεραιότητα
private ιδιωτικός,
    ιδιωτική, ιδιωτικό
    private hospital το
        ιδιωτικό νοσοκομείο
profession το επάγγελμα
programme το
        πρόγραμμα
Protestant ο
        Προτεστάντης
pudding η πουτίγκα
I pull τραβώ
pullover το τρικό
punctured τρυπημένος,
    τρυπημένη,
    τρυπημένο
purchase αγοράζω
purse το τσαντάκι
I put βάζω
pyjamas οι πιτζάμες

Q
quantity η ποσότητα
quay η προκυμαία
queen η βασίλισσα
question η ερώτηση
quickly γρήγορα
    too quickly πολύ
        γρήγορα
quiet ήσυχος, ήσυχη,
    ήσυχο

R
rabbit το κουνέλι
racing οι αγώνες
    horse racing οι
        ιπποδρομίες
    motor racing οι αγώνες
        αυτοκινήτων
radiator
    (heating) το καλοριφέρ
    (car) το ψυγείο
radio το ραδιόφωνο
railway ο σιδηρόδρομος
    railway station ο
        σιδηροδρομικός
        σταθμός
it's raining βρέχει
raincoat το αδιάβροχο
rare σπάνιος, σπάνια,
    σπάνιο
    (of meat) μισοψημένος,
        μισοψημένη,
        μισοψημένο
raspberry το βατόμουρο
rate (of exchange) η τιμή
    του συναλλάγματος
    reduced rate η μειωμένη
        τιμή
razor το ξυραφάκι
I read διαβάζω
ready έτοιμος, έτοιμη,
    έτοιμο
rear πίσω
    rear-view mirror ο
        καθρέφτης
        οπισθοπορίας
receipt η απόδειξη

151

receiver το ακουστικό
  lift the receiver! σηκώνω
    το ακουστικό
reception office το
  γραφείο υποδοχής
receptionist ο/η
  υπάλληλος υποδοχής
I recommend συνιστώ
record ο δίσκος
  record player το πικ-απ
recreation η αναψυχή
rectangular ορθογώνιος,
  ορθογώνια, ορθογώνιο
red κόκκινος, κόκκινη,
  κόκκινο
reduction η μείωση
  (in price) η έκπτωση
I refuse αρνούμαι
region η περιοχή
registration certificate το
  πιστοποιητικό
  εγγραφής
registration number ο
  αριθμός κυκλοφορίας
registration plate η
  πινακίδα κυκλοφορίας
I regret/I am
  sorry λυπούμαι
regulations οι κανονισμοί
I remain παραμένω
I rent/hire νοικιάζω
rent το ενοίκιο
renting/hiring η ενοικίαση
I repair επισκευάζω
repair η επισκευή
  repair kit το
    επισκευαστικό κιτ
I repeat επαναλαμβάνω
  can you repeat
    that? μπορείτε να το
    επαναλάβετε;
reply η απάντηση
report (on an accident) η
  έκθεση
I reserve κρατώ
reservation η κράτηση
152 I rest αναπαύομαι

rest
  (remain-
    der) υπόλοιπος,
    υπόλοιπη, υπόλοιπο
restaurant το εστιατόριο
retsina η ρετσίνα
I return επιστρέφω
return (ticket) με
  επιστροφή
Rhodes η Ρόδος
rib το παϊδάκι
rice το ρύζι
ride κάνω ιππασία
right δεξιός, δεξιά,
  δεξιό
  I have a right έχω το
    δικαίωμα
  you are right δίκιο
    έχεις
  on the right στα δεξιά
  just right (not
    wrong) ακριβώς
    αυτό που πρέπει
  it is ringing χτυπά
ripe ώριμος, ώριμη,
  ώριμο
  nicely ripe
    καλοψημένος,
    καλοψημένη,
    καλοψημένο
road ο δρόμος
roadworks τα οδικά έργα
roast ψητός, ψητή, ψητό
roll (bread) το ψωμάκι
roof η στέγη
room το δωμάτιο
  waiting room η αίθουσα
    αναμονής
rope το σχοινί
round ο γύρος
  all round γύρω-γύρω
route η διαδρομή
  bus route η διαδρομή
    του λεωφορείου
rowing boat η βάρκα
  κωπηλασίας
rucksack το σακκίδιο

rules οι κανονισμοί
I run τρέχω
I run over πατώ
Russia η Ρωσσία
Russian ρωσσικός,
  ρωσσική, ρωσσικό
  (man, woman) ο
  Ρώσσος, η Ρωσσίδα
  (language) τα ρωσσικά

S
safety η ασφάλεια
safety belt η ζώνη
  ασφαλείας
sailboard το sailboard
salad η σαλάτα
salami το σαλάμι
sales το ξεπούλημα
  in a sale σε ξεπούλημα
salesman/woman ο
  πωλητής, η πωλήτρια
salmon ο σολομός
Salonica η Θεσσαλονίκη
salt το αλάτι
salty αλμυρός, αλμυρή,
  αλμυρό
same ίδιος, ίδια, ίδιο
sand η άμμος
sandal το πέδιλο
sandwich το σάντουιτς
sardine η σαρδέλα
satisfied ικανοποιημένος,
  ικανοποιημένη,
  ικανοποιημένο
Saturday το Σάββατο
saucer το πιατάκι
sausage το λουκάνικο
I say λέω
scampi οι μεγάλες
  γαρίδες
scene η σκηνή
school το σχολείο
scooter (motor) το
  σκούτερ
Scotland η Σκοτία
Scottish (man, woman) ο
  Σκοτσέζος, η Σκοτσέζα

screen η οθόνη
screwdriver το κατσαβίδι
sea η θάλασσα
seafood τα θαλασσινά
seasickness η ναυτία
  I am seasick έχω
  ναυτία
seat το κάθισμα
seated second
  (second-class ticket) το
  εισιτήριο δεύτερης
  θέσης
I see βλέπω
self-service store/
  restaurant το
  κατάστημα/
  εστιατόριο με
  αυτοεξυπηρέτηση
I sell πουλώ
I send στέλνω
separately ξεχωριστά
September ο
  Σεπτέμβριος
serious σοβαρός,
  σοβαρή, σοβαρό
I serve εξυπηρετώ
service (not) included (δεν)
  συμπεριλαμ-
  βάνεται η υπηρεσία
I set off ξεκινώ
several διάφοροι,
  διάφορες, διάφορα
sex το σεξ
I feel shaky (man/
  woman) είμαι
  καταβεβλημένος/
  καταβεβλημένη
shampoo το σαμπουάν
sharp κοφτερός, κοφτερή,
  κοφτερό
sheep τα πρόβατα
sheet (bed) το σεντόνι
  (paper) η σελίδα
shirt το πουκάμισο
shivers το τουρτούρισμα
shoe το παπούτσι
  shoe repairer's ο   153

υποδηματοποιός
I shop ψωνίζω
shop το κατάστημα
short κοντός, κοντή, κοντό
shorts τα σορτσάκια
I show δείχνω
show η παράσταση
  film show η
    κινηματογραφική
    παράσταση
shower το ντους
  I am having a
    shower κάνω ντους
shrimps οι γαρίδες
shutter το παντζούρι
sick άρρωστος,
    άρρωστη, άρρωστο
side η πλευρά
I sign υπογράφω
silk το μετάξι
  made of
    silk μεταξένιος,
    μεταξένια, μεταξένιο
silver το ασήμι
  made of silver
    ασημένιος, ασημένια,
    ασημένιο
since then από τότε
singer (man, woman) ο
    τραγουδιστής, η
    τραγουδίστρια
single (ticket) το απλό
    εισιτήριο
sink ο νεροχύτης
sister η αδερφή
sit down! καθίστε!
size το μέγεθος
skates τα πατίνια
skating rink η αίθουσα
    πατινάζ
ski/skiing το σκι
  ski boots οι μπότες του
    σκι
  ski equipment ο
    εξοπλισμός για σκι
  skiing lesson το μάθημα
    σκι

skirt η φούστα
sledge το έλκηθρο
I sleep κοιμάμαι
sleeping bag ο σάκκος
    ύπνου
slice η φέτα
slim λεπτός, λεπτή,
    λεπτό
slot (hole) η τρύπα
I am slowing down μειώνω
    ταχύτητα
slowly αργά
small μικρός, μικρή,
    μικρό
smart κομψός, κομψή,
    κομψό
smell η μυρωδιά
I smoke καπνίζω
  no smoking
    απαγορεύεται το
    κάπνισμα
snack bar το σνάκμπαρ
soap το σαπούνι
society η κοινωνία
sock η κάλτσα
socket η πρίζα
sole
  (fish) η γλώσσα
  (on shoe) η σόλα
to sole a shoe βάζω σόλα σε
    παπούτσι
son ο γυιος
song το τραγούδι
soon σύντομα
sorry! συγνώμη!
I'm sorry λυπάμαι
Sound and Light
  (spectacle) (η
    παράσταση) ήχος και
    φως
soup η σούπα
south ο Νότος
souvenir το σουβενίρ
Spain η Ισπανία
Spanish ισπανικός,
    ισπανική, ισπανικό
  (man, woman) ο

Ισπανός, η Ισπανίδα
(language) τα ισπανικά
spare parts τα
αντταλλακτικά
I speak μιλώ
speciality το σπεσιαλιτέ
spectacles τα γυαλιά
speed η ταχύτητα
speed limit η μέγιστη
ταχύτητα
I spell γράφω
I spend (time) περνώ
(money) ξοδεύω
spicy με καρυκεύματα
spinach το σπανάχι
spoon το κουτάλι
coffee spoon το
κουταλάκι του καφέ
spoonful μια κουταλιά
Sporades οι Σποράδες
sport τα σπορ
sports facilities οι
ευκολίες για σπορ
winter sports τα
χειμερινά σπορ
spouse (man/woman) ο/η
σύζυγος
I've sprained (my ankle)
στραμπούλιξα τον
αστράγαλό μου
spring η άνοιξη
in spring την άνοιξη
square το τετράγωνο
(adj) τετραγωνικός,
τετραγωνική,
τετραγωνικό
squid το καλαμάρι
stadium το στάδιο
staircase η σκάλα
stalls ο εξώστης
stamp το γραμματόσημο
**a fifty-drachma
stamp** ένα
γραμματόσημο των
πενήντα δραχμών
**star (of film) (man,
woman)** ο

πρωταγωνιστής, η
πρωταγωνίστρια
I start ξεκινώ
(car engine) ξεκινώ
station ο σταθμός
I stay μένω
steak η μπριζόλα
(fillet) το φιλέτο
(sirloin) το κόντρα
φιλέτο
steak and chips
μπριζόλα με πατάτες
τηγανητές
steam ο ατμός
steering wheel το τιμόνι
stepfather ο πατριός
stepmother η μητριά
stick το ραβδί
it stings καίει
stockings οι κάλτσες
stolen κλεμμένος,
κλεμμένη, κλεμμένο
it's been stolen μου
τόχουν κλέψει
stomach το στομάχι
I stop σταματώ
store το κατάστημα
stove η σόμπα
oil (paraffin) stove η
σόμπα παραφίνης
strawberry η φράουλα
street ο δρόμος
string ο σπάγκος
strong δυνατός, δυνατή,
δυνατό
student (man, woman) ο
φοιτητής, η
φοιτήτρια
stung
I've been stung με
τσίμπησε
sub-title ο υπότιτλος
suburbs τα περίχωρα
sugar η ζάχαρη
suitcase η βαλίτσα
summer το καλοκαίρι
in summer το

καλοκαίρι
sun η ήλιος
  sunburn το ηλιακό έγκαυμα
Sunday η Κυριακή
sunstroke η ηλίαση
supermarket το σουπερμάρκετ, η υπεραγορά
supplement το συμπλήρωμα
supplementary συμπληρωματικός, συμπληρωματική, συμπληρωματικό
sure βέβαιος, βέβαιη, βέβαιο
surf board η σανίδα για γουιντσέρφινγκ
sweater το τρικό
sweet το γλυκό
sweet (adj) γλυκός, γλυκιά, γλυκό
sweetcorn το καλαμπόκι
I swim κολυμπώ
swimming το κολύμπι
  swimming pool (outdoor) η υπαίθρια πισίνα
  swimming pool (indoor) η κλειστή πισίνα
  swimming pool (heated) η θερμαινόμενη πισίνα
  swimsuit το μαγιό
  swimming trunks το μαγιό
Swiss ελβετικός, ελβετική, ελβετικό
  (man, woman) ο Ελβετός, η Ελβετίδα
switch ο διακόπτης
Switzerland η Ελβετία
swordfish ο ξιφίας
syrup/mixture το σιρόπι
  cough mixture το σιρόπι για το βήχα

T
table το τραπέζι
tablet/pill το χάπι
I take παίρνω
taken (of seat) κρατημένος, κρατημένη, κρατημένο
tap (faucet) η βρύση
tart η τάρτα
taxi το ταξί
  by taxi με ταξί
  taxi rank η πιάτσα
tea το τσάι
teenager (boy/girl) ο/ η έφηβος
tee shirt το μπλουζάκι
I telephone τηλεφωνώ
telephone το τηλέφωνο
  telephone box ο τηλεφωνικός θάλαμος
  telephone call το τηλεφώνημα
  telephone directory ο τηλεφωνικός κατάλογος
television η τηλεόραση
telex το τέλεξ
I tell λέω
temperature η θερμοκρασία
  I have a temperature έχω πυρετό
ten δέκα
tennis το τένις
  I play tennis παίζω τένις
  table tennis το πινγκ πονγκ
  tennis courts τα γήπεδα του τένις
tent η σκηνή
I thank ευχαριστώ
  thank you very much ευχαριστώ πολύ
that εκείνος, εκείνη, εκείνο

that's εκείνο είναι
that way απ' εκεί
theatre το θέατρο
Thessaly η Θεσσαλία
there εκεί
  there is/there
    are υπάρχει/
    υπάρχουν
thief ο κλέφτης
third τρίτος, τρίτη,
  τρίτο
thirst η δίψα
  I am thirsty διψώ
this αυτός, αυτή, αυτό
thousands χιλιάδες
Thrace η Θράκη
thread η κλωστή
throat ο λαιμός
  I have a sore throat με
    πονάει ο λαιμός μου
Thursday η Πέμπτη
ticket το εισιτήριο
  ticket office το
    εκδοτήριο
    εισιτηρίων
tie η γραβάτα
tights τα καλτσόν
time ο χρόνος
  on time στην ώρα
  a long time πολύς
    καιρός
  at what time? τι ώρα;
tin (of food) η κονσέρβα
  tin opener το
    ανοιχτήρι
tip το μπουρμπουάρ
tired κουρασμένος,
  κουρασμένη,
  κουρασμένο
tobacco ο καπνός
tobacconist's το
  καπνοπωλείο
today σήμερα
  today's special το
    φαγητό της ημέρας
together μαζί
toilet η τουαλέτα

token το δελτίο
toll τα διόδια
tomato η τομάτα
tomorrow αύριο
tongue η γλώσσα
too (much) πολύ
tool το εργαλείο
tooth το δόντι
  toothache ο πονόδοντος
  toothpaste η
    οδοντόκρεμα
  I clean my
    teeth καθαρίζω τα
    δόντια μου
  toothbrush η
    οδοντόβουρτσα
torch ο ηλεκτρικός φακός
torn σχισμένος,
  σχισμένη, σχισμένο
total το σύνολο
towel η πετσέτα
  hand towel η πετσέτα
    για τα χέρια
  tea towel το
    ποτηρόπανο
town η πόλη
toy το παιγνίδι
traffic lights τα φώτα της
  τροχαίας
tragedy η τραγωδία
train το τρένο
  fast/express train η
    ταχεία
  by train με το τρένο
transfer μεταφέρω
tray ο δίσκος
tree το δέντρο
trip το ταξίδι
trousers (pants) το
  παντελόνι
trout η πέστροφα
true αληθινός, αληθινή,
  αληθινό
truth η αλήθεια
I try προσπαθώ
tube
(of pills) το σωληνάριο   157

(the Underground) ο
  ηλεκτρικός
I am going by
  underground πηγαίνω
  με τον ηλεκτρικό
Tuesday η Τρίτη
tuna ο τόνος
turkey η γαλοπούλα
I turn on (radio,
  TV) ανάβω
I turn off /radio/TV) σβήνω
TV η τηλεόραση
  TV news το
  ραδιοπρόγραμμα
twice δύο φορές
twin δίδυμος, δίδυμη,
  δίδυμο
I twist διαστρεβλώνω
two δύο
  table for two ένα
  τραπέζι για δύο
  άτομα
tyre το λάστιχο
  burst tyre το σκασμένο
  λάστιχο
  spare tyre η ρεζέρβα

U
umbrella η ομπρέλα
uncle ο θείος
under κάτω
underdone μισοψημένος,
  μισοψημένη,
  μισοψημένο
Underground ο
  ηλεκτρικός
  by Underground με τον
  ηλεκτρικό
I understand καταλαβαίνω
underpants το σώβρακο
underwear τα εσώρουχα
undrinkable (of water) μη
  πόσιμο
United Kingdom το
  Ηνωμένο Βασίλειο
university το
  πανεπιστήμιο

unwell άρρωστος,
  άρρωστη, άρρωστο
urgent επείγων,
  επείγουσα, επείγον
USA ΗΠΑ
usherette η ταξιθέτρια
useless άχρηστος,
  άχρηστη, άχρηστο
usually συνήθως

V
vanilla η βανίλια
veal το μοσχάρι
vegetable το λαχανικό
vehicle το όχημα
very πολύ
village το χωριό
I visit επισκέπτομαι
visitor (man, woman)
  επισκέπτης, η
  επισκέπτρια
I vomit κάνω εμετό

W
waist η μέση
I wait (for) περιμένω
waiting room η αίθουσα
  αναμονής
waiter το γκαρσόνι
waitress η σερβιτόρα
Wales η Ουαλία
I walk περπατώ
  I am going for a
  walk πηγαίνω
  περίπατο
walk ο περίπατος
wallet το πορτοφόλι
I want θέλω
warden ο θυρωρός
wardrobe η ντουλάπα
warning η προειδοποίηση
  warning sign η
  προειδοποιητική
  ένδειξη
I wash πλένω
  I wash up πλένω τα
  πιάτα

wash (e.g. car wash) το
  πλύσιμο
washbasin ο νιπτήρας
wasp ο σφήκας
watch το ρολόι
I watch παρακολουθώ
water το νερό
  water supply
    point σημείο
    προμηθείας νερού
I wear φορώ
weather ο καιρός
Wednesday η Τετάρτη
week η εβδομάδα
weekend το
  Σαββατοκυρίακο
I weigh ζυγίζω
well καλά
Welsh (man, woman) ο
  Ουαλός, η Ουαλέζα
west η δύση
western (film) οι ταινίες
  γουέστερν
wet βρεγμένος,
  βρεγμένη, βρεγμένο
what τι
wheel ο τροχός
  spare wheel η ρεζέρβα
  steering wheel το τιμόνι
when/when? όταν/πότε;
where? πού;
which? ποιο;
whisky το ουίσκυ
white άσπρος, άσπρη,
  άσπρο
who? (man/woman) ποιος/
  ποια;
  who's speaking? ποιος
  μιλά;
whose? (man/
  woman) ποιου,
  ποιας;
why? γιατί;
wife η σύζυγος
window το παράθυρο
  shop window η βιτρίνα
windscreen το παρμπρίζ

windscreen wiper ο
  καθαριστήρας του
  παρμπρίζ
I win κερδίζω
wine το κρασί
winter ο χειμώνας
  winter sports τα
  χειμερινά σπορ
I wish/want θέλω
with μαζί
without χωρίς
woman η γυναίκα
wood το ξύλο
  made of wood ξύλινος,
  ξύλινη, ξύλινο
wool το μαλλί
  made of wool μάλλινος,
  μάλλινη, μάλλινο
I work εργάζομαι
  it works (to be in working
    order) δουλεύει
  it's not working δε
    δουλεύει
worn/worn-out λιωμένος,
  λιωμένη, λιωμένο
I write γράφω
writing paper το χαρτί
  αλληλογραφίας
wrong λανθασμένος,
  λανθασμένη,
  λανθασμένο
  I am wrong κάνω λάθος

Y
year ο χρόνος
yellow κίτρινος,
  κίτρινη, κίτρινο
  yellow pages ο χρυσός
    οδηγός
yesterday χτες
yoghurt το γιαούρτι
young νέος, νέα, νέο
  youngest (child) ο
    μικρότερος, η
    μικρότερη, το
    μικρότερο

159

youth hostel ξενώνας νεότητος

Z

zero το μηδέν
zone η ζώνη
zoo ο ζωολογικός κήπος